AF619488

RESPONSE
AV LIVRE
intitulé
APOLOGIE
Pour l'Vniuersité de Paris contre le discours d'vn Iesuite.

par le pere jacques de La Haye, jesuite.

A PARIS.

M. DC. XLIII.

ADVERTISSEMENT au Lecteur.

AMI Lecteur, tu m'es obligé de cet ouurage, quoy que ie ne l'aie pas faict: vn mien ami le composa il y a quatre mois, peu apres que le liure d'iniures & d'inuectiues, auquel il respond, eut paru sous le nom d'Apologie pour l'Vniuersité de Paris. Son dessein estoit de ne le laisser voir qu'escrit à la main, et ne le communiquer qu'à peu de personnes, partie de sa cognoissance, partie Iuges en l'affaire des Iesuites auec ladite Vniuersité, pour leur oster les mauuaises impressiōs, que cette Apologie pretēdüe leur auroit pu donner par ses impo-

ſtures & calomnies. Ie l'importuné dés ce temps-là de le publier, & luy apporté des raiſons, qui me ſembloient l'y deuoir obliger; mais il s'en defendit par cette parole du Sage aux Prouerbes Chap. 26. Ne reſpondeas ſtulto ſecundùm ſtultitiam ſuam. *I'auouë qu'il me ferma la bouche, & qu'il me perſuada que l'Apologiſte, n'aiant montré que de la paßion, ne meritoit point de reſponſe: Mais voiant que ce premier liure auoit eſté ſuiui de deux autres plus gros, & plus outrageux; Que l'impunité nourriſſoit le mal; Que l'exemple en eſtoit meſme contagieux; Q'vn de mes amis inuité de ſe trouuer à vne declamation publique dans le College de Harcourt, en eſtoit ſorti tout ſcandaliſé, ne pouuant ſouf-*

frir vn iugement rendu ſans iugement contre les Ieſuites; Que la honte & la crainte auoient eu aſſés de pouuoir iuſques ici, pour empeſcher l'Apologiſte de l'Vniuerſité de paroiſtre ſous ſon nom, & d'aduoüer ſes ouurages; Là où le mal croiſſant de iour à autre, on venoit de voir le Menſonge, la Calomnie, & l'Iniuſtice deguiſés à la verité & trauestis en enfans, Mais publiquement authoriſés de tous les Gouuerneurs & Intendans d'vn College, monter ſur le theatre pour ſe faire mieux entendre; I'ay recommencé mes importunités, & attaquant l'autheur de cet ouurage des meſmes armes, dont il m'auoit combattu, ie luy ay repreſenté que le Sage diſoit au meſme endroit, Reſpondeas ſtulto ſecundùm ſtultitiam ſuam, ne ſibi ſapiens videatur: *Ie luy ay monſtré que l'Apologiſte prenoit auantage du ſilence de ceux, qu'il outrage de paroles; & qu'il eſtimoit ſes ouurages, parce qu'on n'y reſpondoit point. Que ſes Conſors prenoient audace de ſon exemple, & qu'apres la declamation publique du College de Harcourt, il n'y auoit plus à douter, lequel valloit mieux de ſe taire ou ſe defendre. Cette raiſon n'eut pas encor eſté aſſés forte pour arracher ce liure des mains de ſon Autheur, ſi ie ne luy euſſe leué l'apprehenſion qu'il auoit, que pluſieurs perſonnes d'honneur, qui ſont du corps de l'Vniuerſité, ne ſe tinſſent offenſées de ſa reſponſe, qui ſeruant d'antidote au poiſon de l'Apologie, ne* peut pas estre si agreable, qu'elle est utile & necessaire. Ie luy ay faict voir que ces Meßieurs ne prendroient point de part à la refutation d'vn libelle diffamatoire imprimé sans leur adueu, nonobstant qu'il porte en teste le nom de l'Vniuersité pour donner plus dauthorité aux calomnies, dont il noircit les Iesuites. L'Autheur s'est enfin laissé aller à ces raisons, protestant neantmoins, qu'il aimeroit mieux supprimer son ouurage, que d'offenser vn seul de ces Meßieurs, dont il a tousiours faict estat d'honorer la vertu & le merite.

RESPONSE AV LIVRE intitulé Apologie pour l'Vniuersité de Paris, contre les Iesuites.

L'AVTHEVR du libelle dont le titre est, Apologie pour l'Vniuersité de Paris, contre le discours (pretendu & malicieusement supposé) d'vn Iesuite, deuoit employer son temps & sa plume à dresser des memoires, pour respondre iuridiquement à l'instance pendante au Conseil; & non à publier en termes estudiés & semer parmi le peuple des calomnies, qui marquent sa passion & la foiblesse de la cause qu'il entreprend. Aussi se seroit on abstenu de toutes sortes de repliques, si ses emissaires qui ont fait imprimer son liure plusieurs fois, & en ont porté des copies par les maisons, ne s'estoient vantés que ceste piece ne pouuoit auoir de repartie, & que c'estoit vn coup de massuë, qui auoit atterré & assommé toute la societé. Il n'y a personne qui ne iuge qu'en ce rencontre le silence auroit esté preiudiciable au bon droit de la cause qu'on attaque, & qu'il est necessaire de fournir des antidotes contre ce poison, qu'on a presenté couuert & caché sous de belles paroles. C'est ce que ie pretens faire en ceste response, apres auoir aduerti l'Apologiste encor vne fois qu'il a grand tort non seulement de n'auoir point comparu, & s'estre soustrait lui & ses consors par quatre defaux au iugement de ceux à qui il appartient de leur rendre iustice, s'il s'en fut trouué dans leur cause : Mais encor plus d'auoir blasmé les Iesuites dés l'entrée de son discours, *De s'estre voulu faire vn droit de la force contre l'Vniuersité.* Il appelle force le secours des loix & des Iuges, que les Iesuites ont imploré contre les entreprises & les iniustices du Recteur & de quelques supposts de ladite Vniuersité; & ne considere pas que taxer de violence le recours, que tous les subiets du Roy peuuent & doiuent auoir à sa iustice, c'est faire iniure à sa Majesté, offenser son conseil & vouloir establir vne tyrannie dont on ne se puisse defendre. Mais ſans differer dauantage entrons dans le ſubiet & le deſſein de ſon liure.

Ce Docteur a renfermé tout ſon diſcours dans vn ſyllogiſme en cette ſorte. *La ruine de l'Vniuerſité de Paris met la Religion & l'Eſtat en vn peril euident*, (paroles formelles qui ſe liſent en ce qu'il appelle, *Entrée au diſcours*) *Or eſt-il que l'vnion des Ieſuites auec l'Vniuerſité de Paris eſt la perte & la ruine de l'Vniuerſité, donc l'vnion des Ieſuites auec ladite Vniuerſité met la Religion & l'Eſtat en vn peril euident*. Puis reduiſant ces trois propoſitions en vne ſeule il proteſte, *Que l'Vniuerſité, l'Egliſe & l'Eſtat, ſont trois choſes qui ne ſçauroient eſtre ſeparées*. C'eſt de quoy il fait ſon bouclier & ſon eſpée, voiés les ſix premieres lignes de ſon dernier Chapitre.

Ie respons premierement que la premiere proposition du Syllogisme est ridicule, & qu'vn homme de bon sens ne peut estre susceptible de cette creance ; que la Religion & l'Eglise fondée par Iesus-Christ contre les puissances de l'enfer, & que le Royaume de France la plus forte & la plus Auguste Monarchie de l'Vniuers, ne puissent subsister sans l'appui des supposts de l'Vniuersité de Paris. Et dire que la Religion, l'Estat, & ladite Vniuersité sont trois choses qui ne peuuent estre separées, c'est composer vne chimere,

Vt turpiter atrum desinat in piscem mulier formosa supernè.

C'est prendre plaisir de choquer le sens commun à l'aueugle & teste baissée. Ie demande à ce Maistre Aduocat de l'Vniuersité quel âge il donne à celle pour qui il plaide ?

& puiſque ie ne peuz attendre ſa reſponſe, ie la prendray pour n'eſtre point ſuſpecte, d'vn autre fameux Aduocat de la meſme Vniuerſité contre les Ieſuites, c'eſt Maiſtre Eſtienne Paſquier au liure 3. de ſes Recherches chap. 21. où apres auoir aſſeuré qu'en ce point: *Il a recherché pour l'amour de l'Vniuerſité tous les auantages qu'on luy ſçauroit donner*, il dit, *qu'elle ietta ſes premieres racines pendant le Regne de Louis* 7. c'eſt à dire au 12. ſiecle. Lors on n'enſeignoit ſinon és maiſons Epiſcopales, ſuiuant l'ordonnance du Concile de Latran ſous Alexandre 3. Qui commande que les Eueſques aient en chacune de leurs Egliſes vn Precepteur à leurs gages pour enſeigner la Theologie, Philoſophie & autres bonnes lettres, ce que faiſoiét en ce temps-là dans l'Eueſché de Paris les deux qu'il appelle Maiſtre Anſeaume & Guillaume Campellenſe, *Ni pour tout cela*, adiouſte-il, *n'eſtoit lors l'Vniuerſité formée, c'eſtoit vne embrion que l'Egliſe de Paris couuoit dans ſon ſein, pour eclorre puis apres l'Vniuerſité.* Que vous en ſemble Monſieur le Docteur ? pendant tous les ſiecles precedẽts n'y auoit-il eu ni Religion, ni Egliſe, ni Roys & Royaume de France ? depuis Pharamond qui regnoit l'an 420. l'Vniuerſité qui n'eſtoit que dans les idées a-t'elle l'eſpace de tant d'années & de ſiecles, tenu compagnie inſeparable à l'Eſtat & à l'Egliſe?

Ie reſpons ſecondement, que la ſeconde propoſition de ce beau Syllogiſme, ſçauoir que l'vnion des Ieſuites auec l'Vniuerſité de Paris, eſt la ruine de ladite Vniuerſité, n'eſt pas moins eſloignée du ſens commun que la premiere. Et ſi l'Apologiste s'estoit dóné le loisir de lire & de cōsiderer les lettres patentes du 20. d'Aoust de l'an 1610. par lesquelles le Roy cómande que les classes du College de Clermont soient ouuertes; ie veux croire qu'il ne seroit point tombé dans cette faute, & qu'il auroit redressé & corrigé ses imaginations tortues, sur la reigle & sur le iugement de sa Majesté, qui declare au contraire, que l'associatió des Iesuites à l'Vniuersité en est le RETABLISSEMENT & L'AVGMENTATION: Car il dit, *auoir ordonné l'ouuerture dudit College de Clermont dans ladite Vniuersité, pour la* RETABLIR *en son ancienne splendeur, notoirement diminuée, depuis que les Iesuites ont cessé de faire lecture publique en leur College; voire pour* L'AVGMENTER, *s'il est possible.* Ce sont les propres termes extraicts desdites lettres patentes. Et dans l'Arrest du 15. Feurier de l'an 1618. en vertu duquel les Classes dudit College furent effectiuement ouuertes, sa Majesté asseure que le motif qui la porté à cela est la requeste qui luy a esté faicte par les Estats generaux. Que *pour* REMETTRE *l'Vniuersité de Paris en son ancienne splendeur, & faire qu'elle soit à l'aduenir, comme elle a esté autrefois vn seminaire de toutes charges & dignités Ecclesiastiques & seculieres, il luy plaise permettre aux Jesuites d'enseigner dans leur College de Clermont, comme ils faisoient deuant leur esloignement.*

Ioint que, pour me seruir des termes de l'Autheur, puisque les raisons sont inutiles, quand les exemples ont le pouuoir de conuaincre, les Iesuites ont esté vnis en la mesme maniere qu'ils demandent de l'estre encor à present, & ioints à l'Vniuersité 30. ans durant depuis l'an 1563. iusques en 94. qui fut l'année de leur esloignement.

Ils n'ouurirent point leurs Classes ladite année 63. nonobstant les permissions qu'ils en auoient des Roys omologuées en Parlement, sans auoir demandé & obtenu le congé de Maistre Iulien de S. Germain, lors Recteur de l'Vniuersité qui respondit à la requeste qu'ils luy presenterent à cet effet, le 19. du mois de Septembre. *Ne pouuoir ni vouloir les en empescher veu l'Arrest du Parlement & l'acte de leur reception faict à Poissy.* Comme aussi ne les empescha-il point, & ne s'y opposa en façon quelconque, ny luy ny plusieurs autres Recteurs de ladite Vniuersité. Il les prit mesme sous sa protection eux, & leurs biens, leurs Procureurs, Escholiers, & seruiteurs, les qualifiant de ce tiltre,

Dilecti nostri venerables & religiosi presbyteri & scholastici Collegij societatis IESV vulgo Claromontensis nuncupati, dans les lettres qu'il leur en bailla seellées du sceau de l'Vniuersité en cire verte sous double queuë, auec droit & pouuoir de iouyr & se seruir *priuilegijs, franchisiis, & libertatibus dictæ Vniuersitatis*, comme incorporez en icelle. *Datum Parisiis anno Domini* 1563. *die* 5. *Febr.* Cordonnier, & plus bas, *visa per me Rectorem. de S. Germain.* En suite dequoy les Escholiers des Iesuites furent admis & receus à tous les degrez de l'Vniuersité, & en toutes les Facultez, mesme de Theologie. Ce qui fit dire au President de Harlay en sa remonstrance au Roy Henry IV. contre les Iesuites imprimée l'an 1624. par l'ordre & les soins de Messieurs de l'Vniuersité, ces paroles, *Les Iesui-*

tes lors de leur etabliſſement n'a-uoient point de plus grands aduerſaires que la Sorbonne ; à preſent elle leur eſt fauorable, parce qu'vn monde de ieunes Theologiens ont fait leurs eſtudes en leurs Colleges. Et cependant de ceſte admiſſion des Eſcholiers des Ieſuites à tous les degrez de l'Vniuerſité, on n'a veu ſuiure en ce long eſpace de trente années, ny la perte de la Religion & de l'Eſtat, ny meſme la ruine de l'Vniuerſité, que nous predit ce faux Prophete: ains au contraire le Roy en ſon Arreſt de 1618. teſmoigne, *que pendant ce temps là il y auoit grande affluance d'Eſcholiers en ladite Vniuerſité, & que depuis que l'exercice dudit College de Clermont à ceſſé, l'Vniuerſité s'eſt trouuée* QVASI DESERTE *faute d'exercice ſuffiſant pour les ſciences* : Ce que ſa Majeſté peut auoir appris de la bouche de ſon Pere

Henry le Grand de bonne & heureuſe memoire, car en la Reſponſe qu'il fit au Preſident de Harley qui ſe voit dans Dupleix ; *l'Vniuerſité*, dit-il, *à occaſion de regretter les Ieſuites, puiſque par leur abſence elle a eſté* COMME DESERTE, *& les Eſcholiers nonobſtant tous vos Arreſts les ont eſté chercher dedans & dehors mon Royaume.*

Ces deux propoſitions eſtant toutes deux ainſi conuaincuës de faux, on peut aiſement iuger de la verité de tout ce libelle, qui ne contient autre choſe que des preuues pretenduës de ces deux fauſſetez. Ie les feray voir cy-apres en détail n'eſtre toutes que des iniures, mediſances, calomnies, impoſtures, menſonges, exaggerations, paralogiſmes, & palabres d'vn ieune declamateur. Mais auant que de m'y engager, ie le veux entreprendre encor vn coup tout en gros & en bloc, & par vne Responſe generale ruiner entierement l'Vniuerſité de ſon diſcours.

Par ces mots *d'vnion*, *de ionction*, *d'aſſociation*, *d'intruſion*, & autres que vous employez, Monſieur l'Apologiſte, où vous n'entendez ſinon ce qui eſt preciſement neceſſaire, pour faire que les Eſcholiers des Ieſuites eſtans trouuez capables ſoient receuz aux degrez de litterature, comme tous autres, où vous entendez autre choſe: Si vous entendez autre choſe, iettez voſtre libelle au feu, & le contez hardiment au nombre des pieces inutiles; car les Ieſuites ne demandent & ne pretendent rien que cela. Que ſi vous reduiſez & limitez auec eux le mot d'vnion à ce ſens, & qu'apres cela vous opiniaſtriez encor de ſouſtenir que ceſte vnion ainſi entenduë eſt la ruine certaine de la Religion, de l'Eſtat, & de l'Vniuerſité, vſés vn peu de reflexion & conſiderés iuſques où la paſſion vous emporte; Vous faites le Roy & ſon Conſeil criminels de leze-Majeſté diuine & humaine, puiſque par ſon Arreſt du 28. d'Auril de l'an 1618. il ordonne & commande cette vnion, caſſant & annullant les deux decrets de la Faculté de Theologie & de celle des Ars faicts le mois de Mars de la meſme année, qui excluoient, leſdits eſcholiers des Ieſuites de ces degrez de litterature. Vous n'eſpargnés non plus les Papes; Car Gregoire XIII. commit l'an 1575. auec le conſentement du Roy Henry III. lors heureuſement regnant, & donna pouuoir par vn bref du 22. Aouſt à Meſſieurs les Cardinaux de Bourbon, & de

Guiſe, conjoinctement auec Monſieur l'Eueſque de Paris qui fut le porteur dudit bref, comme il en auoit eſté le ſolliciteur à Rome; Celuy d'Angers lors Confeſſeur dudit Roy, & ceux d'Auxerre & d'Eureux, de faire à la gloire de Dieu, & au bien de la Religion & de l'Egliſe cette vnion des Ieſuites à voſtre Vniuerſité, que vous aſſeurez deuoir eſtre l'aneantiſſement de la Religion & de l'Eſtat: & entendoit ſa Saincteté qu'il ſe fiſt en faueur des Ieſuites, bien plus que ces Peres ne demandent à preſent, ſçauoir qu'ils fuſſent incorporés à l'Vniuerſité, pour eſtre eux meſmes receus Docteurs, & auoir ſeance ez aſſemblées, tout ainſi que les Mendians & autres Religieux.

Car de dire que les Papes, les Cardinaux & les Eueſques, ne voyoient pas que cette vnion tireroit

roit aprés soy necessairement la ruine de la Religion, & que le Roy & son Conseil ne cognoissent pas que de la mesme s'ensuit aussi necessairement, la perte de l'Estat, & qu'ils ont esté tous, & seroient encore aueugles en matiere de telle importance, si ce docteur ne leur ouuroit les yeux, cela est trop extrauagant & ridicule pour estre mis en auant, & seruir de quelque raisonnable deffense.

Et quand à ce qui est de la ruine de l'Vniuersité, sans appeller ni Roys ni Papes contre vous Monsieur l'Apologiste, ie ne vous veux combattre que de vos propres armes, & opposer l'Vniuersité à soy-mesme. Car outre ce que ie vous ay allegué cy-dessus de l'experience de trente années, & de l'authorité de vos premiers Recteurs, que la consideration des interests particuliers n'auoit point encor troublé de passions, ie vous dis que long temps apres & lorsque le malheur du temps donna le moyẽ à ceux, qui ne cognoissoient & n'aymoient pas les Iesuites, de faire reüssir les mauuais desseins qu'ils auoient contre toute leur compagnie, qui fut en l'année 1594. les facultés des Arts & de Theologie de l'Vniuersité n'estoient pas de vostre aduis, & n'estimoient pas que les Iesuites fussent si preiudiciables à ladite Vniuersité: autrement ils auroient esté impies enuers leur bonne mere, de ne pas consentir à l'expulsion de ceux que vous dites en l'article 2. de vostre 3. chapitre, *n'auoir point de plus grand dessein que de la ruiner.* Voicy ce qui se passa en cette occasion. Maistre Iaques d'Amboise qui presidoit lors à l'Vniuersité en qualité de Recteur, s'estant lachement rendu aux sollicitations des ennemis des Iesuites, (c'est à dire selon l'interpretation du feu Roy, en sa response au President de Harley, *des Heretiques & des Ecclesiastiques mal viuants*) fit ce qu'il put pour obtenir le consentement des Procureurs des nations & de la faculté de Theologie, pour interuenir & demander, que les Iesuites fussent bannis de la France, ou du moins de l'Vniuersité de Paris; Les Procureurs des nations appellés par ledit Recteur dans le College de Nauarre en sa chambre, luy refuserent tout plat sa demande, comme il paroist par l'acte qu'ils ont signé de leur main le 9. Iuillet de la mesme année, où ils protestent auoir ainsi respondu audit Recteur. *De Patribus Societatis IESV aut ex Vniuersitate* (marqués

Duplei.

ce mot) *aut ex Galliæ Regno eijciendis se nullo modo cogitasse, aut velle ad id consensum præbere & suo nomine quidquam huiusmodi contra ipsos agi. C. Lebel Procurator Picardiæ. J. Guerould Procurator Normaniæ. G. Crittonius Procurator Germaniæ.* Et pource que ledit Recteur ne laissa pas de presenter à la Cour effrontement au nom de toutes les facultés de l'Vniuersité sa requeste, par laquelle il demandoit le bannissement des Iesuites; la faculté de Theologie aiant faict entendre ausdits Peres, qu'elle n'y auoit point consenti, elle leur en donna acte, passé en vne assemblée generale dans la grande salle de Sorbonne, & inseré dans les registres de l'an 1594. le 9. Iuillet en ces termes. *Facultas matura deliberatione super habita, in hunc modum censuit, se quidem censere præ-*

dictos venerabiles Patres Societatis JESV redigendos & recensendos esse in ordinem & disciplinam Vniuersitatis, Regno autem Gallico esse nullo modo expellendos.

Il y a apparence que la Sorbonne d'alors, les Procureurs des nations, & la faculté des Arts, n'estoient pas moins clairuoians & affectionnés au bien de l'Vniuersité, que vous & vostre Recteur d'auiourd'huy, ils auoient beau ieu pour faire chasser les Iesuites, ou de la France, ou du moins de l'Vniuersité, afin qu'ils ne la ruinassent point; & au lieu de le faire ils sont d'aduis de retenir les Iesuites, & mesme (ce qui est bien remarquable) ils iugent de leur propre mouuement & sans en estre lors requis, qu'il est à propos d'vnir plus estroictement lesdits Iesuites, & les ranger dans l'ordre & la discipline de l'Vniuersité ; & cela apres plus de trente années de temps qu'ils auoient eu pour les cognoistre, & iuger de leur doctrine, mœurs, deportements, & desseins. Qu'eussent-ils faict & qu'eussent ils deu faire, s'ils eussent resué auec ce docteur Chimerique, que le plus grand dessein des Iesuites estoit la ruine de leur Vniuersité? Mais voyons en detail les merceries de cette balle qui a desia esté condamnée en gros & confisquée.

RESPONSE AV PREMIER Chapitre.

Ce Chapitre doit contenir les preuues de la premiere proposition de l'Apologiste. *Que la ruine de l'Vniuersité met la Religion en vn peril euident*; examinons les.

Le premier article & ſon premier point ſe reduiſent à monſtrer que l'vnion des Ieſuites à l'Vniuerſité eſt dangereuſe à la Religion, parce que, *ſi quelqu'vn des Ieſuites auance de mauuaiſe doctrine, il n'y aura perſonne pour le* REDRESSER; *tant pource que la ſeule Vniuerſité de Paris s'oppoſe à eux depuis pluſieurs années, n'y aiant plus en toute la Chreſtienté aucun corps conſiderable qui ſoit capable de leur reſiſter; que dautant qu'ils ſe ſupportent en tout les vns les autres, de maniere qu'il ſeroit bien dangereux qu'ils fuſſent les vniques arbitres de la doctrine, & euſſent l'empire abſolu ſur les ſciences.*

1. ℞. Ie le renuoye à ſon ſecond Chapitre, article 7. où ſe contrediſant (ce qui luy eſt ordinaire, & à tous ceux qui diſent beaucoup, ſans ſe beaucoup ſoucier de dire vray,) il aſſeure *que pluſieurs Vniuer-*

ſités & Eſtats ont reſiſté & reſiſtent encore aux Ieſuites, & pour le confirmer cite à tors & à trauers, *Rome, Boulogne, Florence, Piſe, Louuain, Veniſe, l'Archiduc deffunct, & le Roy d'Eſpagne.*

2. ℞. L'autheur dit luy meſme en ce premier Chapitre, au 6. point du premier article, que, *quand quelqu'vn de leur corps manque, il eſt auſſi toſt* REDRESSÉ *par ſes Confreres; ſa premiere faute eſt ſuiuie d'vne aigre correction, & ſon opiniaſtreté d'vne punition exemplaire.* Il eſt donc faux de dire, que ſi les Ieſuites eſtoient du corps de l'Vniuerſité, *il n'y auroit perſonne pour* LES REDRESSER. Au contraire ils ſeroient plus ſuiects & ſoumis aux decrets des facultés, & à leurs cenſures, qu'ils peuuent mettre à preſent au nombre des choſes indifferentes. L'Vniuerſité n'aura elle pas plus de

pouuoir ſur vne compagnie qui luy ſera ſoumiſe, que quand elle luy eſtoit oppoſée?

3. ℞. C'eſt vne vanité inſupportable en ce Docteur, d'aduancer *qu'il n'i a pas vn corps cõſiderable dãs toute la Chreſtienté qui ſoit capable de reſiſter aux Ieſuites* en ce qui eſt de la doctrine concernant la Religion *ſinon l'Vniuerſite de Paris:* Ce trait meriteroit bien d'attirer ſur ſa teſte l'indignation non ſeulement de tous les Ordres Religieux, mais beaucoup plus de tout le corps de Noſſeigneurs les Eueſques & Prelats à qui il appartient d'eſtablir & decider quielle eſt la bonne ou la mauuaiſe doctrine.

4. ℞. S'il falloit chercher vn corps pour oppoſer aux Ieſuites pour le bien vniuerſel de l'Egliſe, & de la Religion, de laquelle ſeule il s'agit en ce chapitre, il faudroit

plustost choisir vn de ces corps Religieux qui sont estendus par toute la Chrestienté, & florissent en toute sorte de sciences, que l'Vniuersité de Paris, puisque estant renfermée dans les murs de la ville, elle ne se pourroit opposer aux entreprises que lesdits Iesuites pourroient faire par tout le reste du monde.

5. ℟. Quand il arriueroit que par la negligence des Professeurs seculiers de l'Vniuersité de Paris, les Iesuites demeurassent seuls pour enseigner la ieunesse (ce qui n'est point à presumer) il ne s'ensuit pas qu'ils seroient seuls arbitres de la doctrine : Car ceux qui auroient estudié chez eux estans deuenus grands & capables de iuger de leur doctrine, ny seroient pas si fort attachez que de la vouloir suiure quoy que fausse. Au contraire l'es-

prit de l'hommé ſe porte naturellement à produire quelque choſe de ſoy-meſme, & dans les matieres diſputables ſe plaiſt, pour marquer ſa liberté, de prendre parti cõtre l'opinion du Maiſtre; pource qu'elle ſemble exiger par authorité noſtre ſouſcription en ſa faueur. Ariſtote a-il eſté de meſmes opinions que Platon? & celuy-cy n'a-il pas en pluſieurs choſes abandonné ſon maiſtre Socrate?

En ce meſme point du premier article il attribuë à feu Monſieur Duval vn raiſonnement qu'il a fait luy meſme le plus cornu qu'il ſoit poſſible. *Que les Jeſuites n'eſtās point obligez aux auſteritez du corps, leur ordre ne peut faillir que par la ſuperbe, & les pechez de l'eſprit.*

I. Rℓ. De ce principe il eut fallu inferer tout le contraire: il ne perſuadera iamais qu'vn ſi grand perſonnage ait ſi mal raiſonné, & i'apprens que Monſieur Duval le ieune digne ſucceſſeur des vertus & de la chaire de ſon oncle, ayant leu cet article de l'Apologiſte luy en a donné le dementy.

2. ℟. Luy meſme ſe contredit deux feuillets apres, là où faiſant le Deuin à ſon ordinaire apres auoir prophetiſé que l'Ordre des Ieſuites deſcherra de ſa premiere ferueur en la pieté & aux lettres, il ne le menace plus d'orgueil & de ſuperbe, mais bien d'autres deſordres, ſçauoir, *de ſe laiſſer charmer aux richeſſes, de s'addonner à l'oiſiueté, de quitter le penible exercice de la profeſſion des ſciences, de perdre la bonne volonté qu'il a maintenant pour le ſeruice du public, de tomber dans l'ignorance & dans la ſterilité d'habiles gens.* &c.

3. ℟. Ceux qui non contens de

l'eminence, qui suffit aux Cardinaux, traitent l'Vniuersité de prééminence comme vous faites en l'article 4. de vostre dernier chapitre, & qui la font marcher de pair auec la Religion & l'Estat, luy donnans tiltre de leur Compagne inseparable, ont bien autant de sujet de craindre l'orgueil, & se défier de la vanité, que les Iesuites.

Au second point du premier article autant de calomnies que de mots, il fait les Iesuites *sans ordre, sans loix, sans canons, tant Ecclesiastiques que Reguliers, sans seruice diuin, sans closture, ennemis de la discipline de l'Eglise, & engagés en toutes sortes d'emplois seculiers*, & ce qui est admirable, celuy qui traite de cette sorte les Iesuites, dont la compagnie est asses considerable pour faire qu'vn particulier, quel qu'il soit, au lieu de l'offenser sans raiſon, luy rende quelque reſpect, eſt vn Docteur qui veut à l'entrée de ſon diſcours qu'on le croie, *eſloigne de toute ſorte de paſſion, & tel que l'aigreur d'aucune animoſite ne le puiſſe rendre ſuſpect*, & qui proteſte à la concluſion de ſon liure, *qu'il veut garder la meſme moderation qu'il a eſtudié en tout le reſte de ſon diſcours*. Il n'y a certainement pas manqué, cette belle moderation luy a tenu bonne & fidelle compagnie tout le long de ſon ouurage, qu'il a rempli d'iniures atroces contre les Ieſuites & de reproches ſcandaleux, *de paſſion, d'amour propre, d'ambition, de meſpris, de ialouſie, d'enuie, de perſequution, de deſſeins formés & de coniurations contre toutes les Vniuerſités du monde, de relaſche, de deſordre, de corruption, de ſubornation, de conuoitiſe, d'vſurpation du bien d'autruy, de tromperie, de perfidies, de manque de foy, de partialités, de monopoles, d'acception de personnes, d'independance, de domination absolue, & vsurpation de souueraineté, de conspirations contre la Republique de Venize, de cabale pour l'Espagne contre la France, d'hypocrisie feignans & se disans Religieux quoy qu'ils ne le soient pas, de nouueautés, d'heresie & de ligue pour la deffense des erreurs, d'impieté, de sacrilege, de simonie, d'Apostasie du S. Siege*, & de telles autres enormités, qui passent chez ce docteur moderé pour *vne verité toute sincere & des intentions tres innocentes*. Certainement si les Iesuites estoient coupables de tous les maux que cet homme de bien leur impute, on auroit raison de leur faire pis que de les priuer de l'vnion auec l'Vniuersité de Paris; Mais ils ont cette consolation que hors les personnes troublées de passions, &

aueuglées d'ignorance, leur conduite leur a acquis dans le monde vne toute autre reputation.

Au 3. point du premier article pour Response, ie dis que les Peres Iacobins & autres Ordres mendians, n'ont pas eu & n'ont pas moins encor à present de difficultés, à demesler auec Nosseigneurs les Euesques & les Curés, que les Iesuites, & neantmoins de ce qu'ils ont esté vnis auec l'Vniuersité, ces inconuenients pretendus en sont-ils arriués? ont ils pour cela *seuls decidé de leurs droits, & establi leurs prerogatiues*, comme cet Apologiste predit que feroient les Iesuites? Qu'il dise au reste si la simple qualité de Docteur & membre d'Vniuersité peut donner autre droit que celuy d'aduis & de conseil? Et s'il leur appartient de faire des ordonnances & des reglemens, ou

iugemens

iugemens decisifs sur les droicts & prerogatiues tant des particuliers, que des ordres & communautés? De sorte que quand les Iesuites seroient tous passés docteurs en l'Vniuersité (à quoy pas vn ne pretend) & quand ils resteroient seuls dans ladite Vniuersité (ce qui ne peut arriuer) ils n'en auroient pas pour cela plus de droit & de pouuoir en l'establissement de leurs interests & prerogatiues.

2. ℞. Comme c'est vne temerité d'accuser les Iesuites sur des diuinations de ce qu'ils entreprendroient contre l'authorité de Nosseigneurs les Euesques, s'ils estoiét vnis à l'Vniuersité ; c'est vne vanité de pretendre que l'Vniuersité soit la protectrice de ces droicts & de ceste authorité de Nosseigneurs les Prelats, aussi bien que de la discipline de l'Eglise. Ce que l'arrogan-

ce de cet Apologiste luy attribuë en ce troisiesme point, & au second qui le precede : Dont toutesfois on s'estonnera moins, quand on sçaura que le Recteur de l'Vniuersité escriuant sur la presente affaire contre les Iesuites à nostre S. Pere le Pape, ne faict point de difficulté d'appeller l'Vniuersité, *Sedis Apostolicæ per tot annos vindicem.* Nous le verrons bien-tost.

Mais pour faire vne response generale à tous les inconueniens que ce Docteur pretend & prophetise deuoir arriuer de l'vnion des Iesuites à l'Vniuersité, suffiroit de monstrer que ses predecesseurs n'en ont pas moins autrefois allegué contre l'vnion des Mendians, dont neantmoins pas vn depuis n'est arriué. Au contraire pour ce qui regarde en particulier l'estat de ladite Vniuersité, il n'y a perſonne qui ne ſçache, qu'elle doit bonne partie de ſa ſplendeur & reputation à ces communautés Religieuſes, dont ils n'auoient, auant qu'ils leur fuſſent vnis, gueres moins d'horreur que de gens excommunies & heretiques. Ie n'en veux point apporter d'autres preuues, ſinon celles que ie tireray du liure des Recteurs de l'Vniuerſité, & du plaidoié de feu M. du Menil Aduocat General, qui parla ſur le ſubiet de l'eſtabliſſement du College de Clermont il y a quatre vingt ans, & harangua en faueur de l'Vniuerſité contre les Ieſuites, leſquels il ne cognoiſſoit point. Voicy les termes que i'ay extrait de ſon plaidoié, s'il s'y trouue des fautes, ie ne pretens point en eſtre garand, c'eſt à faire à Meſſieurs de l'Vniuerſité, qui le firent imprimer l'an 1624. ainſi que ie le vas citer. *L'an trois cent quatre-vingt neuf, s'offrit en l'eschole de Paris une quasi pareille dispute (de admittendis in societatem scholasticam Monachis) que celle qui se presente, pour raison de quoy fut composé un petit traitté portant ce titre. Scriptum scholæ Parisiensis de periculis Ecclesiæ.* Voila pas le mesme dessein que nostre Docteur s'est proposé en ce premier chapitre de son Apologie, sçauoir que *l'vnion des Iesuites à l'Vniuersité met l'Eglise & la Religion en peril euident.* Poursuiuons. *Au bout duquel est vn brief recueil, contenant neuf ou dix raisons. Pro non admittendis in societatem scholasticam Monachis.* Et tout le liure de nostre Docteur d'auiourd'huy, ne contient que de fausses raisons, *Pro non admittendis in societatem scholasticam Iesuitis*; au lieu cependant qu'il deuoit traiter *de non admittendis ad gradus Iesuita-*

rum ſcholaſticis, qui eſt vne beueüe, dont il ne peut apporter d'autre excuſe, que la paſſion qui l'aueugle & le tranſporte. Quelques pages apres ledit ſieur du Menil continüe & adioute que cet eſcrit de l'Vniuerſité concluoit *Monachos non eſſe admittendos quia conuerſatio eorum neceſſaria, non voluntaria; quia non coniungabilis* (poſſible eſt-ce vne faute de l'imprimeur pour *coniugabilis*) *nec compatibilis; quia periculoſa & damnoſa; quia diſſenſiones & offendicula faciens; quia timendum ne Monachi in domos ſingulorum ſe ingerant, & à conſiliis Prælatorum ad ſua ducant conſilia; quia nonnumquam pſeudoprophetæ; quia curioſi nimis alienorum negotiorum*. Qui ne void que ce ſont les meſmes calomnies, dont cet Apologiſte de la meſme Vniuerſité & ſes conſors, tachent auiourd'huy de noircir la reputation des Iesuites? Mais voicy encor de plus expresses ressemblances.

Vous trouuerez, Monsieur le Docteur, dans le liure du Recteur de l'Vniuersité, quand il plaira au sieur Louis de S. Amour vous le laisser lire, ce qu'il ne vous doit pas refuser, si c'est luy qui la presté, & ainsi m'a donné le moien d'en faire l'extraict que vous allez voir, vous trouuerez disie, diuerses lettres de l'Vniuersité contre les Religieux de S. Dominique, & autres qui auroient pû seruir d'originaux à vostre pretenduë Apologie contre les Iesuites. Il y en a vne adressée à tous les Archeuesques & Euesques, par laquelle Messieurs de l'Vniuersité d'alors se plaignent *Quòd Patres Dominicani, & alij Religiosi suas cathedras occuparint*: N'accusez vous pas sur tout les Iesuites de vouloir enuahir les chaires des

Professeurs de l'Vniuersité, & la Sorbonne mesme ? Que *studia Theologica refriguerunt, quòd iam passim ipsam profiteantur Dominicani per totum regnum*: Ne reprochés vous pas aux Iesuites dans le dernier article de ce Chapitre, qu'ils enseignent *les sciences superieures presque par toutes les villes du Royaume* ? Et ne demandez vous pas *qu'on borne tout l'exercice des petites villes à la seule latinité & au rituel* ? Que *homines diuersæ professionis*, sçauoir les Dominicains & les Regens seculiers, *non sunt sociandi in eodem officio, à cause du Deuteronome qui dit, Non arabis in boue & asino*. Et vous en l'article 8. de vostre dernier Chapitre, ne dites vous pas, *que l'accord des Professeurs de l'Vniuersité auec les Iesuites ne pourroit nullement subsister, & que ce seroit faire contre la deffense de Dieu, dans le Deuteronome, Non arabis in boue & asino?* Ils les accusent de violence: Et vous à l'entrée de vostre discours, ne dites vous pas que les Iesuites *se veulent faire vn droit de la force & de la violence?* ils taschent d'allarmer les Archeuesques & Euesques contre ces bons Religieux, leur figurans *multò maiora incommoda quæ imminent:* Et vne partie de vostre liure ne tend elle pas à piquer & animer Messieurs les Euesques & Curés contre les Iesuites, fantasiant au troisiesme point du premier article du Chapitre premier, *des inconueniens estranges qui arriueroient, & des attentats de la part de ces Peres contre l'ordre Hierarchique, s'ils estoient vne fois receus au corps de l'Vniuersité?*

Vous trouuerez de plus dans le mesme liure que ces Messieurs de l'Vniuersité, il y a pres de 400. ans, *cum osculis pedum* font parade de grand respect & humilité à l'endroit du Pape Alexandre IV, auquel ils escriuent contre lesdits Peres Iacobins: Vostre Recteur a tout fraischement enuoié des lettres au S. Pere contre les Iesuites, qui commencent *Beatissime Pater ecce sanctitatis tuæ pedibus aduoluta Parisiensis Academia* &c. Ils se plaignent, *de literis Apostolicis in gratiam Dominicanorum datis* qu'ils apellent *subreptitias*: Et vostre Recteur en cette lettre au Pape, inuectiuant de toute sa puissance contre les Bulles que les Iesuites ont receu des Papes, dit entre autres choses que, *Ista sunt ab hominibus strenuè artificiosis conficta*. Ils obiectent à ces bons Peres que *volunt sese ipsis inuitis in eorum scholas & conuentus intrudere*: C'est le chef de vos calonmies d'auiourd'huy contre les Iesuites.

Mais ces parallelles me meinét trop loing, il vaut mieux que ie me contente de rapporter sommairement le reste des plaintes de l'Vniuersité de ce temps là contre lesdits PP. Dominicains & autres Religieux, & en laiser faire aux lecteurs la comparaison auec ce qui se dit & fait maintenant côtre les Iesuites. Vous sçaurés donc que ces Messieurs disent merueilles contre ces bons Religieux, ils les appellét *operarios subdolos*, *sub specie Religionis decipientes*, ils asseurét que *in humilitate & Religione seducunt*, ils priét qu'on se prenne garde de *venenum eorũ, quod est venenũ aspidũ & insanabile*, dautát que *nemo plus nocet in Ecclesia Dei, quàm qui peruersè agens nomen habet sanctitatis vel ordinis.* Ils les qualifient *seminatores discordiarum per totam Ecclesiam*, ils exaggerent *quomodo qui profitentur ab-*

iectionem, honores ambiant, ils declament contre eux pource que *ſub Religionis prætextu in aulis Regum verſantur*. Ils diſent que *Apoſtoli purgamenta mundi ſe eſſe gloriabantur*, là où *Mendicantes iſti aulici prædicando, abſoluendo, ligando ſine licentia Prælatorum in immenſum gloriantur in laboribus alienis*, c'eſt à dire en leur interpretation *in alienis plebibus*. Ils leur font accroire que *armatos milites ex Regis palatio ad nutũ habent* (il faut marquer que ce Roy eſtoit S. Louys) & que *libellos famoſos in ſe compoſuerunt*. Ils proteſtent que *malunt Priuilegiis Vniuerſitatis renunciare, quàm huiuſmodi homines in ſocietatem recipere*. Et alleguent l'authorité de S. Paul, qui veut en la 2. aux Theſſaloniciés Chap. 3. que *ſubtrahamus nos à fratre ambulante inordinatè*, & au Chap. 16. de l'Epiſtre aux Romains que *obseruemus eos qui dissensiones & offendicula faciunt*, & que *declinemus ab illis*, ils s'en prennent à Monsieur l'Euesque de Paris, pource que, disent-ils, *contra ius*, il leur a donné audiance, Enfin se reuoltans ouuertement contre ce Souuerain Pontife, en cas que sa Sainctetê persiste à fauoriser lesdits Religieux, & à vouloir qu'ils soiēt receus au corps de l'Vniuersité, ils en appellent a vn Concile General ou Prouincial : Et le supplient neantmoins à la fin, de leuer la sentence d'excommunication qu'à ce subiet il a fulminé contre eux. Puis retournans aux menaces protestent, que si sa Sainctetê ne le faict, ils passeront en vn autre Roiaume, ou renonceront tout à fait à l'estude & à la profession des lettres, plustost que *societatis eorum seruitute suffocari se patiantur*, auquel cas ils ne font point de difficulté de menacer l'Eglise d'aueuglement, & citer à ce propos le passage d'Isaie *Excœca cor populi huius.* He bien mon cher lecteur, voila pas vn tableau racourci de tout ce que le Recteur & quelques supposts de l'Vniuersité d'auiourd'huy, disent & font maintenant contre les Iesuites? le rapport & les paralleles en sont si aisez, que ie ne doubte pas qu'en lisant vous ne les aiez fait vous mesme, & neantmoins ie ne me peux tenir à propos de cet aueuglement dont ils menaçoient l'Eglise, que ie ne vous fasse ressouuenir du dessein de nostre Apologiste, qui pretend prouuer par la moitié de son liure, *que l'vnion des Jesuites à l'Vniuersité seroit la ruine de l'Eglise & de la Religion.*

Au 4. point du premier article, il dit, *que les Iesuites n'ont point faict de difficulté d'estre* DESERTEVRS DV S.SIEGE EN TOVTES OCCASIONS.

1. ℞. Si vous demandés à ce Docteur les preuues de cette proposition tant esloignée de la creance de tous les hommes, il vous prie de le receuoir pour l'heure, caution de cette verité, remettant à sa premiere commodité d'en donner la preuue par vn liure qu'il promet de faire imprimer. A ses façons de prouuer il n'y a certainement rien qui le puisse mettre en peine; car s'il veut poser quelque chose de faict, il l'asseure hardiment sur sa bonne foy; & s'il a besoing de quelque chose du futur; auec son art de deuiner & l'vsage de ses prognostics, il n'en manque pas vne.

2. ℞. Les Iesuites auoir esté deserteurs du S. Siege en toutes occasions? attendons ie vous prie vne autre occasion, & cet Apologiste

leur reprochera comme ont tousiours faict les autres Aduocats de l'Vniuersité qu'en, TOVTES OCCASIONS, ils se sont passiõnés pour les Papes, & se sont mõstrés partisants desesperez du S. Siege : il se seruira mesme contr'eux de l'authorité du Senat de Venize, qui, pour ce suiet pretendu, leur a fermé les portes de ses Estats. En effet ses consors ont ils iamais oublié d'accuser les Iesuites, & les rendre suspects aux puissances temporelles, pour estre à leur dire, trop attachez aux Papes? Voicy les paroles tirées de l'auertissemẽt pour les Vniuersités de France, contre lesdits Peres Iesuites adressé au Roy & imprimé à Paris l'an 1624. par le soing de ces Messieurs. *Leur reigle*, Sire, *ne les oblige par aucun vœu de deffendre vostre authorité, comme elle faict de maintenir celle des autres puissances.*

c'est à dire celle du Pape : Ce qui neantmoins est encor vne autre imposture, car les Iesuites ne font point de vœu particulier de maintenir l'authorité du Pape. Et dans le mesme liure ils ont fait encor imprimer la harangue du President de Harlay, ce disent-ils, faite au Roy Henry IV. pour empescher le retablissement des Iesuites, en laquelle se lisent ces mots. *Ceux de cette societé,* Sire, *ne recognoissent pour Superieurs que nostre S. Pere le Pape, auquel ils font serment de fidelité & obeïssance en toutes choses.* Voila vne preuue conuaincante, si iamais il y en eut au monde, car on reproche aux Iesuites l'affection qu'ils ont au S. Siege, iusques à en piquer les Princes & leur donner de dangereux soupçons, & suffisans pour perdre & ruiner la societé dans leurs terres: & neantmoins

la

la crainte de paroiſtre preuarica-teur de la cauſe que ie defens, ne m'empechera pas de confeſſer & marquer, qu'il y a quatre fauſſetés & quatre impoſtures en ces trois paroles, que certaines gens de l'Vniuerſité ont fait imprimer. Car premierement les Ieſuites recognoiſſent & honorent les puiſſances temporelles, & ce ne ſera pas ſe vanter de dire, qu'ils y obeïſſent mieux que ne fait l'Vniuerſité de Paris, qui depuis 25. ans refuſe de rendre obeïſſance aux commandemens du Roy & aux Arreſts de ſon Conſeil, qui leur ont ordonné de receuoir aux degrez les eſcholiers des Ieſuites. Secondement ils ne font point de vœu de fidelité au au Pape. Troiſiemement ce ne ſont point les Ieſuites en general, qui luy font vœu d'obeïſſance, mais ceux-là ſeuls qui pour ce ſubiet ſont appellés Profez du quatrieſme vœu. Et en fin ils ne ſont point ce vœu d'obeïſſance à ſa Saincteté pour toutes choſes, mais preciſemẽt pour ce qui regarde les miſſions és terres & païs occupez par les infidelles & meſcreans, & ce tant ſeulemẽt pour leur annoncer l'Euangile, mais au peril meſme de leurs vies. Que le monde voie & iuge apres tout cela de quelles armes les ſuppoſts de l'Vniuerſité combattent les Ieſuites.

Quand au liure *Theologia Patrum Societatis IESV*, dont cet Apologiſte menaſſe, qu'il ſe ſouuienne que l'on en peut faire vn auſſi bon des Decrets & de la Theologie de Sorbonne, que de celle des Ieſuites.

3. ℞. Mais pourquoy maintenant & à quel deſſein cette calom-

nie contre les Iesuites; *qu'ils n'ont point faict de difficulté en toutes occasions d'estre* DESERTEVRS *du S. Siege.* Est-ce à cause que sur cet affaire de l'Vniuersité ils se sont addressés au Roy, & non au Pape? il y a apparence : Car le Recteur de l'Vniuersité s'est laissé persuader ces iours passés de souscrire au nom de toute l'Vniuersité, & enuoier à Rome deux mauuaises lettres Latines, l'vne à Nostre S. Pere le Pape, l'autre à Monseigneur l'Eminentissime Cardinal Barberin, dans lesquelles il qualifie les Iesuites *Romanæ sedis* DESERTORES *subdolos*, & tache de les rendre odieux à sa Saincteté, pource qu'en cet affaire ils ont eu recours au Roy & à sa iustice. *Quid callidi homines ad sæculares magistratus confugiunt? quid Religiosi ad Regium tribunal? quid Iesuitæ ad consistorium aulicum se conferunt?* Quand à l'Vniuersité disent-ils, *Rem omnem summi Pontificis vigilantiæ credit, totam in hac veneratione securitatem suam collocat. Quid alium disceptatorem Iesuitæ ambiunt? Iesuitis in animo aliud nihil est, quàm Pontificiæ indulgentiæ cōtemptu, Sæcularem gratiam impensius demereri, eiusque* DOMINATIONIS *sibi obstringere fauorem*, CVIUS PROTEGENDA CONTRA ECCLESIASTICAM DIGNITATEM IVRA NON OBSCVRE SVSCEPISSE VIDENTVR. Et addressans leurs paroles au S.Pere, *Mirabitur sanctitas tua Sæculares homines ad Pontificium tribunal tanquam ad publicum Asylum confugere, Regulares inconsulta suprema sede ad Temporale patrocinium conuolare. Nec verò generales illas prædecessorum tuorum literas sibi possunt prætexere, quibus suos in quarumcumque vniuersitatum gremium admittendos esse aliquando iactitabant: nam nullus vmquam Religiosorum ordinum sine bullis specialibus iura nostra attigisse gloriatus est, &c.*

Ces Messieurs se laissent tellement transporter à la passiõ qu'ils saisissent tout ce qu'ils rencontrent pour le ietter à la teste des Iesuites, iusques à prendre à pleins poings les tisons ardens sans considerer qu'ils se brulent les doigts.

Car premierement l'affaire dont il s'agit ne touche en façon du monde le sainct Siege: Il n'est questiõ d'autre chose que de faire receuoir aux degrez de l'Vniuersité de Paris les Escholiers des Iesuites qui serõt trouuez capables; & puis qu'ils sont Catholiques, François naturels, & subjets du Roy aussi P en que ceux qui estudiẽt sous les brofesseurs de l'Vniuersité, qu'ils ne soient pas de pire condition, & plus mal traictez, que ne sont mesme les Estrangers & ennemis de la France, qui sous quelques Professeurs & en quelques Colleges & Vniuersitez qu'ils ayent fait leurs estudes fussent heretiques, sont receuz aux degrez en vertu (ce qui est bien remarquable) du mesme decret de la Faculté de Theologie de l'an 1618. par lequel les subiets du Roy en sont exclus pour ce nouueau crime d'auoir estudié sous les Iesuites. Voicy les termes du decret, *Neque verò intendit sacra Facultas ea lege comprehendere omnes extraneos, & qui Regi nostro Christianissimo non sunt subiecti.* Il n'est question encore vn coup sinon que ces Messieurs de l'Vniuersité cessent d'estre du nombre de ceux, lesquels ils fauorisent tant pour n'estre pas *Regi nostro Christianissi-*

mo subiecti : Ce qu'ils feront ren-
dans l'obeissance qu'ils doiuent, & qu'ils refusent depuis 25. ans, aux comandemens du Roy & aux Arrests de son Conseil, qui ont cassé l'an 1618. le 28. Auril les Decrets des Facultez de Theologie & des Arts portés le mois de Mars precedent, à l'effet d'exclure à perpetuité les Escholiers des Iesuites desdits degrez. En quoy, qui a-il qui regarde le sainct Siege? Que si la cognoissance luy en appartenoit, d'où viêt que Messieurs de l'Vniuersité ne se pouruoyoient point par deuers luy contre ledit Arrest du Conseil qui leur fut signifié? pourquoy ne firent-ils pas plus de mention de l'authorité du Pape, que si ils ne la recognoissoient point?

On ne peut douter que les deux puissances, la Spiri-

Spirituelle & la Temporelle ne concourent à l'establissement des Vniuersitez; mais si ceux, entre les mains de qui elles se trouuent dans vn Royaume ou Estat particulier, viennent à vser d'iniustice à l'endroit de quelques vns des subiets, entreprenans sans raison par animositez & passions desordonnées de les exclurre des honneurs & degrez, ausquels ils ont droit de participer comme les autres ; à qui doit on & peut on auoir recours contre vne telle violence, sinon au Prince & au Souuerain? O que certains Supposts de l'Vniuersité souhaiteroient qu'en ce cas les Iesuïtes du College de Clermont & leurs Escholiers se fussent addressez à quelque puissance estrangere, & hors du Royaume ? ô qu'ils auroient esté heureux, & comme ils auroient triomphé! bon Dieu que n'auroient-ils point dit & fait contre la Societé? peut-on douter qu'ils n'eussent aussi tost trouué de bons Aduocats tirez sur le modelle de Pasquier, la Martilliere, & autres, qui auroient declamé contre tout l'Ordre, & demandé leur banissement hors de la France, & qu'on leur fit le proces comme criminels de leze Maiesté? Et ceux mesme qui font maintenant les chiens couchans aux pieds du Pape. *Ecce sanctitatis tuæ pedibus per hanc epistolam aduoluta Parisiensis Academia &c. liceat humillimæ famulæ ad Domini sui confugere tutelam &c. totam in hac veneratione* SECVRITATEM *suam collat* &c. Qui doute qu'en tel cas pour mordre les Iesuites, ils n'aboiassent contre le S. Siege? & ne flatassent les puissances temporelles, contre lesquelles maintenant ils aboient? Certainement ils n'oublieroient pas le vers du Satyrique, qu'ils ont si bien emploié l'an 1624. en leur bel aduertissement au Roy.

Et spes & ratio studiorum in Cæsare tantùm.

Pensent-ils donc que nostre sainct Pere le Pape & Monseigneur l'Eminentissime Cardinal Barberin ne les cognoissent pas? esperent-ils que de si sages testes se laissent surprendre à la caiolerie, & se rendẽt à trois paroles de sousmission artificieuse, & d'vne feinte humilité? Comme s'ils pouuoient ignorer qui ont esté ceux lesquels ont mis en auant & soustenu de parolles, par escrit, & dans l'exemple de leurs pratiques, les maximes d'appeller des ordonnances & decrets des Papes aux Conciles Generaux & Prouinciaux mesme? Nous auons veu cy-dessus comme ils en ont escrit & menacé par lettres le Pape Alexandre IV. l'histoire ne manque pas de plusieurs autres semblables exemples, les Chroniques de Nicole Gille additionnées, ne portent-elles pas en l'année 1410. sous le regne de Charles VI. que l'Vniuersité determina en l'assemblée qui se fit aux Bernardins, *qu'il estoit loisible d'appeller du Pape au Concile, nonobstant toutes censures Ecclesiastiques?* de maniere adiouste cet Autheur, *que l'Vniuersité seule tint teste au Pape, & fit fleschir les plus grãds Seigneurs du Cõseil à sa volonté.* Belleforest en son histoire tome 2. en l'an 1461. sous le regne de Louys onziesme, n'asseure il pas que *l'Vniuersité de Paris appella du Pape & du Roy tout ensemble à vn Concile futur?* Et qui voudra prendre la peine de rechercher la verité, trouuera qu'ils en sont venus

Alain Charcier Charles 7.

iusques à vouloir entreprendre de deposer les Papes. Apres cela, *Ecce Beatissime Pater sanctitatis tuæ pedibus aduoluta Parisiensis Academia totam in hac veneratione securitatem suam collocat: liceat humillimæ famulæ ad Domini sui confugere tutelam, liceat sedis Apostolicæ per tot annos vindici Apostolicam opem toties exploratam sperare. Mirabitur sanctitas tua Sæculares homines ad Pontificium tribunal tanquam ad publicum asylum confugere &c.*

Mais retournons à nostre subiet & voyons encor si en l'affaire des escholiers de Clermont, il y a quelque chose qui interesse le S. Siege, & si le Recteur de l'Vniuersité a raison de leur reprocher qu'ils n'y ont point eu recours.

Quand l'Vniuersité l'an 1417. se reuolta contre le Roy Charles VI. & contre le Parlement, à raison d'vne ordonnance, par laquelle Messieurs les Prelats auoient esté restablis en leurs anciennes franchises & droits de conferer les benefices, & que le Recteur auec ses supposts appellerent de cette ordonnance deuant le Pape (comme ils font encor en l'affaire des Iesuites & de leurs escholiers, refusans de comparoistre deuant la iustice du Roy & de son Conseil) l'Aduocat General fulmina contr'eux en plein parlement, & monstra qu'ils s'estoient rendus criminels de leze Maiesté, *entreprenans sur les droits du Roy & aians eu recours à d'autres puissances contre les ordonnances de celuy dont on n'appelle point.* Et le bon Aduocat de l'Vniuersité Maistre Estienne Pasquier au liure 3. de ses recherches chap. 22. interposant son iugement sur cette action dit, *que l'Vniuersité commit en cela double faute, l'vne d'appeller de l'ordonnance du Roy publiée en Parlement, l'autre d'en appeller au Pape.* En effet le Dauphin, qui lors estoit present à l'audiance, fit saisir & arrester prisonnier le Recteur, & le nommé Des Portes qui auoit porté la parolle au nom de tout le corps, & tous les supposts de ladite Vniuersité qui l'auoient aduoüé, les enuoyant à la Concierge. Comparons l'affaire dont il s'agissoit lors auec celle dont il est question auiourd'huy, pour voir laquelle des deux regarde moins le Pape & l'authorité du S. Siege. Il estoit question alors de la collation des benefices de l'Eglise, laquelle, au dire de l'Vniuersité, se faisoit à gens incapables & indignes, & au preiudice des droits aquits à ladite Vniuersité, par la concession des

Papes & des Roys, Il s'agit maintenant de la collation des degrez de Philoſophie & Theologie aux ſubiets du Roy recogneus capables, mais eſcholiers des Ieſuites, à qui pour cette ſeule conſideration Meſſieurs de l'Vniuerſité les refuſent contre les expres commandements de ſa Maieſté & les Arreſts de ſon Conſeil. Apres cela ſe peut on aſſés eſtonner que le Recteur de ladite Vniuerſité continuant en ſa deſobeïſſance, refuſe de comparoiſtre deuant la iuſtice Royalle? en appelle à Rome, & proteſte que l'Vniuerſité met là toute ſon eſperance ſur cet affaire? iuſques à cenſurer les Ieſuites, les accuſant de s'eſtre addreſſés pour ce ſubiet au Roy, & les blaſmant d'auoir du zele & de l'affection à deffendre les droits & la grandeur du Royaume & de la Couronne? *Cuius pro-*

tegenda iura non obscurè suscepisse videtur. Et que sera ce, si i'apporte icy la consideration des blames & des reproches tout contraires, que la mesme Vniuersité a fait si souuent aux Iesuites? mesme dans l'aduertissement qu'elle fit imprimer l'an 1624. *Les Vniuersités* (disent-ils parlans au Roy) *ont de tout temps soustenu les droits de la France & combattu pour les priuileges de l'Eglise Gallicane, particulierement vostre Vniuersité de Paris,* &c. *L'experience des siecles passés a fait cognoistre les auantages que vostre sceptre a receu du soustenement desdites libertés, qu'on a appellé pour ce subiet le Palladium de la France, toutefois c'est ce que les Iesuites ont le plus combattu par leurs escrits: en effet leur regle ne les oblige par aucun vœu de deffendre vostre authorité, comme elle fait de maintenir celle des autres puissances.*

ſances. Quoy donc Monſieur le Recteur vous auez accuſé les Ieſuites dans vos lettres eſcrites au Pape, au nom de toute l'Vniuerſité, de ce que *Iura imperij Gallici protegenda non obſcurè ſuſcepiſſe videntur*, Et ie voy que vous auiez fait imprimer l'an 1624. vn aduertiſſement au Roy, pour toutes les Vniuerſités de France contre les Ieſuites, par lequel vous vous vantés, *Que leſdites Vniuerſités ont de tout temps ſouſtenu les droicts de la France, particulierement celle de Paris?* Defendre les droicts du Roy & de ſa Couronne, ou c'eſt vn crime ou non, Qu'en dites vous Monſieur le Recteur? ie vous mets au choix, & en demeure là, ſans vous obliger à reſpondre, car vous me faites pitié. Mais poſé que ce ſoit vn crime, comme vous voulés, puiſque vous en accuſez les Ieſuites, que diriez vous s'ils vous respondoient en cette maniere. A la verité Monsieur le Recteur vostre belle remonstrance nous faict recognoistre la griefueté de nostre faute, en ce que *Imperij Gallici iura protegenda non obscurè suscepisse videmur*: Mais pardonnés nous s'il vous plaist, c'est vous qui nous l'auez fait faire. Nous auions veu dãs vostre aduertissement au Roy, que *les Vniuersités de France, & particulierement celle de Paris*, se vantoient & glorifioient, *d'auoir de tout temps soustenu les droits de la France*, Nous auons cru que nous deuions commencer de vous imiter. Nous auions appris que vous nous reprochiés par ce mesme aduertissement, que *l'Vniuersité de Paris aiant tousiours vaillamment combattu pour les priuileges de l'Eglise Gallicane, c'estoit ce que les Iesuites au contraire auoient tousiours le plus combattu par leurs escrits*, Nous auons pensé que nous ferions bien de profiter de vos aduertissemens & nous amander.

Mais que seroit-ce encor vn coup, si Paquier, Arnaud, la Martilliere, du Menil, Marion, Seruin, le President de Harlay, & les peres de ceux, que nous voions maintenant assis sur les fleurs de lys, viuoient encor? Ces Messieurs qui ne se sont autrefois bandes contre les Iesuites qu'a l'instigation & poursuite de l'Vniuersité, laquelle abusant de leur grand amour & zele enuers la patrie, faisoit passer en leurs esprits les Iesuites pour ennemis de la France, & se faisant à l'opposite toute blanche de son espée, se glorifioit d'auoir *tousiours vaillamment combatu pour maintenir les droicts du Royaume, & les libertés de l'Eglise Gallicane?* Que penseroient-ils s'ils sçauoient, que cette mesme Vniuersité reproche maintenant aux Iesuites, & leur impute à crime de ce que *Jmperij Gallici iura protegenda non obscurè suscepisse videntur?* Que diroient-ils s'ils sçauoient, que ce sont quelques supposts de cette mesme Vniuersité, qui ont sollicité les puissances estrangeres de condamner le liure d'vn Iesuite, fait par vn commandement & authorité Royalle, pour la defense des droits de la Couronne, & des libertés de l'Eglise Gallicane? Que feroient-ils s'ils sçauoient que deux Docteurs de Sorbonne en ont composé la censure, le qualifians scandaleux, impie, & heretique? qu'ils en gardent encor les Originaux escrits de leur main, & que la passion & les animosités contre la Societé, les a si violemment poussés & precipités, que d'impatience de faire déplaisir aux Iesuites, ils l'ont faict imprimer & l'ont debitée à Paris plus d'vn mois deuant, qu'elle fut publiée à Rome?

Secondement, c'est certes bien à tort, que l'Vniuersité pretexe pour cause de l'iniuste refus, qu'elle fait aux Iesuites & à leurs Escholiers, le manque de bulles du S. Siege. Car estant question iadis de l'vnion & incorporation des Iacobins à ladite Vniuersité, ces Peres produisoient les plus belles & les plus amples d'Alexandre IV. qu'on eut peu desirer: & neantmoins l'Vniuersité les mesprisa, en tenant si peu de conte, & de tout ce que ces bons Peres purent alleguer de la part du S. Siege, que ce Pape pour leur faire sentir l'enormité de leur faute en les chastiant comme ils auoient merité, fut contraint de les frapper du foudre de l'excommunication. Vray que c'estoit aussi pour punir la malice dont ils auoient vsé contre lesdits Peres, les diffamans par leurs medisances, dont la principale estoit de les auoir fait passer pour autheurs, ou du moins fauteurs d'vn tres-meschant liure intitulé, *l'Euangile eternel*, contraire à la doctrine de Iesus-Christ. La Calomnie passa si auant (disent Mathieu de Paris & la Chronique de Montfort) que toute la ville en fut scandalisée, & le peuple, comme il est credule & facile à estre preuenu, demeura si fort irrité contre ces pauures Religieux, qu'ils penserent mourir de faim, ne se trouuant plus personne qui leur voulut donner l'aumosne, au lieu de laquelle on les chargoit d'injures & d'opprobres, si-tost qu'ils paroissoient dans les ruës. Ne semble-t'il pas au Lecteur de voir vne image de ce que certaines gens de la mesme Vniuersité font maintenant contre les Iesuites? premierement en ce qui regarde l'vnion & les degrez, en quoy n'y a difference, sinon que les Peres Iacobins vouloient estre receus Docteurs en l'Vniuersité, comme ils le furent enfin, là où les Iesuites n'aspirans aucunement à cet honneur, demandent seulement que leurs Escholiers n'en soient point exclus, & que d'auoir estudié sous eux, ne soit point reputé à crime, & ne porte point de marque d'infamie. Secondement en ce qui concerne la Doctrine, puisque ces aucuns Messieurs de l'Vniuersité accusent les Iesuites d'auoir corrompu non seulement la Theologie Scholaſtique & la Morale, mais meſme tous les articles de noſtre Religion. Troiſiememement en ce qu'ils emploient toute ſorte de moiens pour decrier leſdits Peres Ieſuites, & les ietter dans la haine du peuple, qui ſuſcité par leurs mechantes pratiques, & nommement par cette damnable imposture de bleds tranſportés en Eſpagne, ne ceſſe de les iniurier & outrager par les rues. Et ce qui eſt bien remarquable en cette ſuitte, comme l'hiſtoire dit, qu'vn Docteur de Sorbonne nommé Guillaume de S. Amour eſtoit le chef de la perſequution, contre les Peres Iacobins : Auſſi eſt-il arriué qu'vn Bachelier de Sorbonne Louis de S. Amour ſe dit maintenant & qualifie Recteur de l'Vniuerſité contre les Peres Ieſuites. Reſteroit pour la perfection de ces paralleles, que noſtre S. Pere le Pape Vrbain

VIII. eſmeu par vne bonne & ſerieuſe remonſtrance de Monſigneur l'Eminentiſſime Cardinal Barberin, au lieu d'accorder à l'Vniuerſité l'iniuſte requeſte qu'elle luy a fait de caſſer & reuoquer par vne nouuelle bulle, en faueur de l'Vniuerſité, tous les priuileges que ſes Predeceſſeurs ont liberalement octroié à l'Ordre des Ieſuites, armat ſon zele cõtre ceux, qui, comme nous allons voir, ne violent pas moins l'authorité du S. Siege à l'occaſion de leur haine contre les Ieſuites, que leurs Predeceſſeurs l'ont fait du temps du Pape Alexandre IV. par leurs animoſités contre les Iacobins & Cordeliers. Mais c'eſt ce que les Ieſuites ne deſirent & ne demandent point, & quoy qu'il arriue, leur conſolation ſera touſiours en la Croix de Ieſus-Chriſt: Puiſque le chemin du ciel à tousiours esté la souffrance, il n'y auroit point de raison d'en vouloir faire vn nouueau pour les derniers venus.

Troisiemement, dequoy seruiroit aux Iesuites d'auoir & de presenter au Recteur de l'Vniuersité & à ses supposts des bulles du Pape? puisque probablement ils en appelleroient à vn Concile General ou Prouincial? pouuans aussi-bien en cela, qu'en leurs haines & inuectiues cõtre les Iesuites imiter leurs predecesseurs, qui en vserent ainsi en l'affaire des Peres Iacobins, comme nous auons fait voir cydessus, par l'extraict du liure dudit Recteur de l'Vniuersité.

Quatriesmement, les Parties ne produisent point leurs pieces, que dans le cours & l'instruction des procés; c'estoit à Messieurs de l'Vniuersité apres quatre significations, qui leur ont esté faictes, de comparoistre & respondre en iustice ; là ils eussent peu alleguer contre les Iesuites le pretendu defaux de bulles: Maispour vne qu'ils eussent demandé, on leur en eut produit quatre bien authentiques, & dont les dernieres citent & confirment tousiours les precedentes, de Iules 3. *Dilecte filj* &c. de Pie IV. *Dilecti filÿ* &c. de Pie V. *cum literarum studia* &c. & de Gregoire 13. *Quanta in vinea* &c. lesquelles dónent plein pouuoir tant aux Iesuites, qu'à leurs écholiers, de receuoir toute sorte de degrez en quelque Vniuersité du monde que ce soit. *Nonobstantibus* (dit Pie IV.) QVARVMCVMQVE VNIVERSITATVM *etiam iuramento, confirmatione Apostolica, vel quauis alia firmitate roboratis statutis, & consuetudinibus, priuilegiis quoque, indultis, & literis*

Apostolicis, &c *quibus omnibus etiamsi pro sufficienti illorum derogatione de illis eorumque totis tenoribus specialis, specifica, expressa, & indiuidua, non autem per clausulas generales idem importantes, mentio seu quæuis alia expressio habenda, aut alia aliqua exquisita forma ad hoc seruanda esset, hac vice dumtaxat specialiter & expressè derogamus*, &c. Et Pie V. *Cum in quibusdam Vniuersitatibus quorumdam priuilegiorum prætextu eueniat, vt qui in* Collegiis *Societatis Iesu cursus confecerunt, illi eis ad gradus suspiciendos minimè suffragentur*, INTERDVM ETIAM SCHOLASTICIS IPSIS PROHIBEATVR NE HVIVSMODI LECTIONES SVB POENA EXCLVSIONIS A GRADIBVS PRÆDICTIS AVDIANT. *Nos authoritate Apostolica per præsentes decernimus & declaramus, quòd quibuscumque scholasticis liceat in Colle-*

gijs Societatis IESV lectiones & alias scholasticas exercitationes frequentare: ac QVICVMQVE IN EIS PHILOSOPHIÆ VEL THEOLOGIÆ AVDITORES FVERINT IN QVAVIS VNIVERSITATE AD GRADVS ADMITTI POSSINT, ET CVRSVVM QVOS IN COLLEGIIS PRÆDICTIS CONFECERINT RATIO HABEATVR: ITA VT SI IN EXAMINE SVFFICIENTES INVENTI FVERINT NON MINVS, SED PARIFORMITER ET ABSQVE VLLA PENITVS DIFFERENTIA, QVAM SI IN VNIVERSITATIBVS PRÆDICTIS STVDVISSENT, AD GRADVS QVOSCVMQVE TAM BACCALAVREATVS, QVAM LICENTIATVRÆ, MAGISTERII, ET DOCTORATVS ADMITTI POSSINT ET DEBEANT, EISQVE SVPER PRÆMISSIS SPECIALEM LICENTIAM ET FACVLTATEM CONCEDIMVS, *districtius inhibentes* VNIVERTATVM QVARVMCVMQVE RECTO-

RIBVS, *& aliis quibuſcumque ſub* EXCOMMVNICATIONIS MAIORIS, *aliiſque arbitrio noſtro moderandis, infligendis, & imponendis pœnis, ne collegiorum huiuſmodi Rectores & Scholares* IN PRÆMISSIS, QVOVIS QVÆSITO COLORE, MOLESTARE AVDEANT *vel præſumant: decernentes quoque præſentes literas nullo vnquam tempore de ſubreptionis & obreptionis vitio aut intentionis noſtræ vel quopiam alio defectu notari vel impugnari nullatenus poſſe.* Ce qui n'a toutefois pas empeché le Recteur de l'Vniuerſité, ou pluſtot celuy qui a compoſé leſdites lettres, plus malin que luy, que dans celle qu'il adreſſe à noſtre S. Pere, pour ne pas manquer à donner vn coup de dent aux Ieſuites, il n'ait taché de decrier ces bulles comme ſubreptices par ces mots. *Atque vt intactũ relinquamus verane ſint illa,* *quæ prædicant de prædecessorum tuorum literis, an ab hominibus strenuè artificiosis confictа.*

Et quand à la derniere de Gregoire 13. ce grand Pape apres auoir cité & confirmé les trois de ses predecesseurs, Iules 3. Pie 4. & Pie 5. donne commission entre autres Euesques à celuy de Paris de publier solemnellement cette sienne bulle, & chaque partie d'icelle toutes & quantesfois qu'il en sera requis; auec charge de faire en sorte que les Peres de la Compagnie de Iesus iouïssent paisiblement de l'effet de tout ce qui est contenu en icelle. *Non permittentes eos desuper per* PER QVOSCVMQVE QVOMODOLIBET *indebitè molestari, contradictores & rebelles* (tels que sont auiourd'huy le Recteur de l'Vniuersité & ses supposts) *per sententias, censuras, & pœnas ecclesiasticas, alia-*

que opportuna iuris remedia, auctoritate nostra, appellatione postposita, compescendo &c. Inuocato etiam ad hoc si opus fuerit auxilio brachij SÆCVLARIS (marquez bien ce mot & ne criez plus, *Quid Religiosi ad regium tribunal? quid Iesuitæ ad* SÆCVLARES *Magistratus* &c. C'est la violẽce de vostre iniustice qui les y contraint, & le S. Siege qui leur permet, comment estes vous si temeraires que d'escrire au Pape, *Mirabitur sanctitas tua Regulares inconsulta suprema sede ad temporale patrocinium conuolare?*) *Nonobstãtibus* &c. NVLLI ERGO OMNINO HOMINVM *liceat hanc paginam nostræ absolutionis, indultorum, extensionis, decretorum, mandati, & voluntatis infringere vel ei ausu temerario contraire. Si quis autem hoc attentare præsumpserit, indignationem omnipotentis Dei ac Beatorum Petri & Pauli Apostolorum eiùs se nouerit incursurum.*

Est-il pas bien estrange que Messieurs les supposts de l'Vniuersité, qui ont leu toutes ces bulles, & en ont fait imprimer eux-mesme la pluspart l'an 1624. ne se soient pas contentez apres tout cela de refuser les degrez, & mesme l'examen aux escholiers des Iesuites, mais choquans directement l'authorité du sainct Siege aient faict des decrets par lesquels ils entreprenent & attentent de les en exclurre & rendre incapables? Est-il pas estrange que non contens de se reuolter contre le Roy & son Conseil, qui a cassé leursdits decrets par vn Arrest, ils aient mesprisé l'authorité du S. Siege & des Papes, ne se souciants point d'encourir l'excommunication maieure, & l'indignation de Dieu tout puissant, & de ses bien-heureux

Apostres sainct Pierre & sainct Paul?

Mais, dit Monsieur le Recteur dans ces mesmes lettres, qu'il a escrit au Pape, toutes ces bulles des Iesuites sont generalles, & cependant, *Nullus vmquam Religiosorum ordinum sine bullis specialibus iura nostra attigisse gloriatus est.*

Ie respons. 1. Ces bulles sont en effet si generales, qu'elles embrassent toutes les Vniuersités du monde, sans exception d'aucune; sinon peut estre de celles qui ne recognoissent point l'authorité du Pape, & meprisent les foudres de ses excommunications. *Quarumcumque Vniuersitatum. Omnibus. In quauis Vniuersitate. Vniuersitatum quarumcumque Rectoribus. Per quoscumque, quomodolibet, quouis quæsito colore. Nulli ergo omnino hominum liceat,* &c.

2. D'où & comment prouue-il, qu'il soit besoin de bulles speciales, pour estre associé à l'Vniuersité de Paris, & non aux autres? qui leur a baillé ce priuilege? qu'ils en monstrent eux-mesmes les bulles, & nous le croirons : Car d'alleguer seulement, que les Peres Dominicains ou quelques autres Ordres, pour s'y faire receuoir, ont presenté des bulles speciales ; s'il est ainsi, il ne s'ensuit pas qu'il leur fut lors necessaire d'en vser de la sorte, c'est possible, qu'ils n'en auoient point de generalles & d'vniuerselles : Et quand cela s'ensuiuroit necessairement, on n'en pourroit inferer autre chose, sinon que les Peres Iesuites, pour estre vnis eux-mesmes & associez en personnes à ladite Vniuersité, ainsi que le sont les Peres Dominicains, & autres Ordres Religieux, auroient besoin

de bulles ſpeciales:Mais cela c'eſt à quoy leſdits Peres ne pretendent aucunement, ils ne demandent autre choſe,ſinon que leurs eſcholiers ſoient receus aux degrez indifferemment comme tous autres, s'ils en ſont trouuez capables. Et on voudroit bien ſçauoir quelles ſont les raiſons de Meſſieurs de l'Vniuerſité, par leſquelles ils pretendent prouuer, que pour ce ſubiet au ſeul egard des eſcholiers & eſtudiants ſeculiers, il eſt neceſſaire d'auoir des bulles du Pape, ie ne diray plus ſpeciales & particulieres, mais meſme generales, & de quelque forme & teneur que ce ſoit?

3. Encor biẽ que l'Vniuerſité de Paris eut eu ce priuilege par deſſus toutes les autres Vniuerſités du monde, qu'aucun corps Religieux ne peut luy eſtre vni & incorporé

ſans bulles ſpeciales, (ce qui n'eſt point) elle ne s'en pourroit ſeruir contre les Ieſuites, qui ont des bulles contraires, & leſquelles comme poſterieurement données, derogeroient à la leur. Voicy les termes de celle de Pie IV. *Quibus omnibus, etiamſi pro ſufficienti illorum derogatione de illis eorumque tenoribus ſpecialis, ſpecifica, expreſſa, & indiuidua, non autem per clauſulas generales idem importantes mentio, ſeu quæuis alia expreſſio habenda, aut aliqua alia exquiſita forma ad hòc ſeruanda eſſet, hac vice dumtaxat ſpecialiter & expreſsè derogamus.* Et d'ailleurs Gregoire 13. marque viſiblement qu'il comprend en particulier l'Vniuerſité de Paris, dans les termes generaux dont il vſe en la ſienne, puis qu'il donne commiſſion (ainſi que nous auons veu cy-deſſus) nommement à l'Eueſque de Paris, de publier ſolemnellement cette bulle, & luy ordonne de faire en ſorte que les Ieſuites iouïſſent paiſiblement de tout le contenu d'icelle, contraignant tous ceux qui s'y oppoſeront (ainſi que faict maintenant le Recteur & ſes ſupposts) par excommunications, cenſures, peines Eccleſiaſtiques, & toute ſorte de moiens & remedes de droit, meſme aiant recours au bras ſeculier, ſans auoir eſgard à appellation quelconque. A laquelle conſideration ſi vous adioutés celle de la datte de ladite bulle qui fut donnée l'an 1578. lors que les Ieſuites deſiroient & faiſoient des pourſuites, pour eſtre incorporés en l'Vniuerſité de Paris, & qu'il n'y en auoit lors aucune autre, auec laquelle ils euſſent affaire pour ce refus; ioint la commiſſion ſpeciale, que le bon Pape donna presqu'en mesme temps à deux Cardinaux, & quatre Euesques, dont celuy de Paris en estoit vn, pour faire ladite vnion, ainsi que nous allons voir, il ne pourra rester aucun doute que ladite bulle n'ait esté donnée aux Iesuites, spe-cialement, & particulierement pour s'en seruir dans la ville de Paris, & à l'esgard de son Vniuersité.

4. Mais voicy dequoy couurir de honte le Recteur de ladite Vniuersité & tous ses supposts, car les Iesuites ont eu vne permission tres-speciale, & vn pouuoir exprès & tout particulier du S. Siege, pour estre vnis & incorporés à ladite Vniuersité de Paris. Ce fut de ce mesme Pape Gregoire 13. qui en adressa le bref à Messieurs les Cardinaux de Bourbon & de Guise, coniointement auec Mes-

ſieurs les Eueſques de Paris, d'Angers qui lors eſtoit Confeſſeur du Roy Henry 3. auec le conſentement duquel cette affaire ſe traittoit, d'Auxerre, & d'Eureux. En ſuitte de quoy ſe fit vne aſſemblée l'an 1578. le onzieſme iour de Ianuier, en l'Abbaie de S. Germain des prez, au logis dudit Seigneur Cardinal de Bourbon, où ſe trouuerent par ordre du Roy, ledit ſieur Eueſque d'Angers ſon Confeſſeur, auec deux Conſeillers du Parlement, le Recteur de l'Vniuerſité Maiſtre Thomas Scourion, les Doiens & Procureurs des nations, & grand nombre de Docteurs, repreſentans les facultez des Arts & de Theologie. Là le Pere Claude Mathieu Prouincial des Ieſuites, & le P. de Saingenot Procureur de la Prouince, preſenterent leur requeſte de bouche, &

par escrit, pour estre incorporés à ladite Vniuersité, offrans de se sousmettre à ses loix & statuts, & promettans tout respect & deuë obeïssance audit Recteur & à ses successeurs. Mon-dit Seigneur le Cardinal fit aussi entendre de sa part, la commission qu'il auoit du Pape & du Roy, vsa de toutes les remonstrances & persuasions possibles, faisant force sur les scandales, qui arriuoient de la des-vnion & discorde de ces deux corps considerables en l'Eglise & dans l'Estat, exaggerant les auantages que les heretiques & libertins en tiroient, le grand dommage que ce desordre apportoit à la Religion, les soins paternels que prenoient sa Sainctété & sa Maiesté tres-Chrestienne, & leurs desirs pour l'vnion, qui deuoit mettre vne bonne fin à tous ces maux & inconueniens. Nonobstant quoy l'obstination du Recteur & des supposts fut telle, qu'ils reietterent toutes ces belles remonstrances, & ne faisans aucun compte de l'authorité du Pape & du Roy, refuserent opiniatrement d'y entendre, alleguans pour toute raison, *Nec velle se nec posse absque suorum priuilegiorum detrimento dictos Societatis Presbyteros, in dicta academia commorantes in dictæ academiæ corpus & collegium cooptare.* Monsieur le Recteur de l'Vniuersité, apres auoir signé ces belles lettres, qu'on a enuoyé à Rome sous son nom, pourra-il lire cecy sans mourir de honte? Que s'il doute de la verité de cete histoire qu'il voie ses registres de l'année 1578. il y trouuera ces mots. *Quo tempore qui Claromontanam domum incolunt Iesuitæ, in academiam cooptari postula-*

rūt, quod cùm Illuſtriſsimi Principis & Cardinalis Borbonij gratia & authoritate ſe impetraturos ſperarent, Rectorem viroſque ſelectos ex mandato ſummi Pontificis, & Christianiſſimi Regis ad illum euocandos curarunt, qui expoſitâ illius congregationis cauſâ, & Ieſuitarum de Republica bene merendi ſtudio, eoſdem IVSSIT *Academiæ gremio excipi*, &c.

Au 5. point. l'Apologiſte met en auant, *Qu'vne compagnie de Seculiers ne peut par vne conſpiration generale s'accorder, comme pourroit faire vne communauté Religieuſe, a de meſmes maximes dangereuſes à la Religion, & preiudiciables à l'Egliſe.*

1. ℞. Et pourquoy non? puis qu'elle s'eſt bien accordée à d'autres dangereuſes à l'Eſtat, & preiudiciables au Royaume? Lors que du regne de Charles 6. elle ſe ligua generalement pour trois Ducs de Bourgongne conſecutifs, les plus [...] ennemis de la

Monſtrelet. Meyer li. 15. Du Haillan en la vie de Charles 6. liu. 18. pag. 818. de l'impreſſ. de

France? Ce fut premierement contre le Duc d'Orleans, qui en fit à Melun de grands reproches de sa bouche aux deputez qu'elle luy auoit enuoié pour s'excuser, leur disant entre autres choses, *qu'eux estans gens estrangers ils ne se deuoient mesler du gouuernement du Royaume, & des affaires d'Estat, ains seulement de leurs liures*. Puis 15. ans apres, pour tomber de fieure en chaud mal, contre le Dauphin; embrassant vniuersellement la querelle de Philippe Duc de Bourgogne, iusques à se rendre partie pour luy contre l'vnique heritier de la Couronne, & solliciter le Roy son Pere de l'exhereder & bannir du Roiaume. Requeste accompagnée de tãt de chaleur; & de si viues poursuittes, qu'elle ne leur put estre refusée. Ce fut lors que ce Prince fils vnique du Roy se vid contraint de s'enfuir, pour euiter la persecution de ses ennemis, & d'a...

Cramoisy en 1615. Dupleix sous Charles 6. p. 710. De Serres au regne de Charles 6.

Dupleix Charles 6. pag. 783. de l'impression de 1627. de Serre en l'an 1420. Monstrel.

Lors que ledit Roy Charles estant mort, elle se banda contre son fils Charles 7. espousant par vne conspiration vniuerselle le party de Henry 6. Roy d'Angleterre, le recognoissant contre les loix fondamẽtales de cette Monarchie, pour Roy de France, sous ombre que son pere en auoit espousé vne fille, le nõmant *son souuerain Seigneur*, & se qualifiãt *sa tres-humble & deuote fille l'Vniuersité de Paris*, au bas de ses lettres escrites en l'asséblée solennellemẽt & generalemẽt celebrée aux Mathurins le 21. Nouem. 1430.

Les additions de Nicole Gille sous Charles 7. en l'année 1430. page 318. Belleforest tom. 1. liure 5. ch. 92. Du Haillan en la vie de Charles 7. liu. 22. pag. 973.

Lors qu'elle se reuolta contre le Roy Louys 12. & que le Recteur Iean Caue fit defense à tous les Regens & Predicateurs de plus monter en chaire, iusques à ce que l'Vniuersité eut recouuré certains priuileges, sur lesquels sa Maiesté auoit fait quelques Regle-

De Serres en l'année 1498. Dupleix en la vie de Louys 12. pag 218.

mens *à cause que ladite Vniuersité en abusoit àla foule du peuple.* Cefut lors que le Recteur & ses Supposts publierẽt & afficherẽt des libelles cõtre le Roy; & aucuns Docteurs en Theologie se porterent à cette impudence, dit Dupleix, que d'oser messer en leurs Predications des inuectiues contre sa Maiesté, & contre le Chancelier, & principaux de son Conseil : Bref la sedition s'en alloit tres-dangereuse, si le Roy ny eut remedié fortement & efficacement, au moyen d'vne grosse gendarmerie, qu'il fut contraint de faire entrer dans Paris, pour les reprimer par la crainte du supplice, & par la terreur de ses armes. Lors que sur la mort du Duc de Guise, elle decreta vnanimement en vne assemblée de plus de 80. Docteurs le 7. Ianuier 1589. Que les François estoient deliez

Matthieu en la vie de Henry 3. l. 8. depuis la page 691. iusques à la 695.

du ſerment d'obeyſſance, & de fidelité, qu'ils deuoient à Henry de Valois; & arreſta qu'ils pouuoient ſans ſcrupule de conſcience armer contre ſes conſeils & efforts pleins de toute meſchanceté, ce diſoient-ils. I'ay remarqué pluſieurs autres telles & plus dangereuſes entrepriſes dãs l'hiſtoire, mais ie ne paſſeray pas plus outre, ne touchant que mal gré moy, & par la ſeule neceſſité de la defenſe à des choſes tant odieuſes. Si vous n'eſtes content de ce que i'en ay cité, M. l'Apologiſte, liſez Matthieu en la vie de Henry 4. liure premier, pag. 130. ligne 7. de l'impreſſion de Buon 1631. Dupleix au 4. tome pag. 53. ligne 33 & page 160 ligne 19. & 34. Mais ſans aller plus loing mettez le nez dans les Regiſtres de la faculté de Theologie, vous y trouuerez voſtre condamnation en

De Serres en la vie de ce meſme Roy en l'an. 1589.

plusieurs decrets que ie ne veux point icy transcrire: N'oubliez pas entre autres celuy du 5. Auril 1589. Ie vous en aduertis nommement, pource que ie ne trouue point que nos Historiens en ayent fait mention.

2. ℟. Ne se sont-ils pas accordez tous, & bandez vnanimement contre le Pape Alexandre IV? s'opposans aux Bulles qu'il auoit donné aux Religieux de S. Dominique, pour les vnir à leur corps? & ce iusques à contraindre le Sainct Pere de les excommunier? Nos histoires ne disent-elles pas que du regne de Charles 6. & Charles 7. ils se mesloient de toutes choses, non seulement du gouuernement de l'Estat, mais aussi de celuy de l'Eglise, *Qu'ils tenoiēt teste aux Papes, qu'ils osoient bien les censurer & condamner, & vouloient entreprendre*

Registres de l'Vniuersité.

Alain Chartier en la vie de Charles 7. en l'an 1405. Nicole Gilles additionné en la vie de Charles 6. pag. 265. 283. & 286.

dre de les deposer & demettre de leurs sieges ? N'ont-ils pas condamné les Bulles de deux souuerains Pontifes Paul 3. & Iules 3. en condamnant l'Institut & l'Ordre des Iesuites estably & confirmé par ces Bulles, lesquelles ils auoient leuës en quatre pleines assemblées, & examinées l'espace de plusieurs mois, iours, & heures, ainsi que porte expressement leur conclusion du 1. Decemb. 1554 ? N'ont-ils pas conspiré contre la Pucelle d'Orleans enuoyée de Dieu miraculeusemẽt pour le salut du Royaume tres-Chrestien ? Et dans vne assemblée generale des Mathurins, fait lettres au Roy d'Angleterre Henry 6. pour le supplier auec toutes les instances possibles de la faire punir? Ce que ce Roy en ses lettres patentes dit auoir accordé bien volontiers *à sa tres-saincte & tres-*

Du Haillan tom. 2. l. 19. nombre vi. pag. 829. lig. 13.

Pasquier liure 3. des Recherches ch. 20. pag. 386. chez Sonnius 1607.

Registres de la faculté de Theologie de Paris.

Collection de diuerses pieces pour l'Vniuersité contre les Iesuites, imprimée l'an 1624.

Les Chroniques de Nicole Gilles additiõnées en la vie de Charles 7. p. 315.

Belleforest liu 5. ch. 92

Du Haillan to.2.liu. 22 nombre 4.

chere fille l'Vniuersité de Paris, voulant deuotement obeir aux exhortations des Docteurs & Maistres de sadite tres-saincte & tres-chere fille.

Nicole Gil les additiõ né pag.319.

Ne l'ont-ils pas condamnée, ceste saincte vierge, apres de longues

De Sertes en l'an 1430

consultations, & declaré sorciere, inuoquant les diables, idolatre, schismatique & heretique? Et les Iuges qui luy firent en suitte son procez, ne disent-ils pas dans cete inique & cruelle sentence portée contre son innocence, son honneur, & sa vie, qu'ils en ont

Additions de Nicole Gilles pag 327. Du Haillan pag. 591. lig.10.

vsé ainsi, *ayans esgard & respect aux deliberations des Maistres des facultez de Theologie, & Decret en l'Vniuersité de Paris, voire & de tout le corps d'icelle Vniuersité?* N'ont-ils pas de complot deliberé attaqué l'ordre Hierarchique de Messieurs les Euesques & Prelats, sur le subiet de la nomination aux benefices?

iusques à intermettre par vne conspiration vniuerselle, voyans qu'ils ne pouuoient autrement venir à bout de leurs desseins, & cesser vn Caresme entier de faire des leçons en toute l'Vniuersité? Ne se sont-ils pas bandez contre cet auguste corps du Parlement, refusans de le recognoistre pour Iuge, & de subir sa Iurisdiction? pource que la Cour ne vouloit pas verifier certains de leurs priuileges *où estoient des clauses pour esmouuoir à sedition, & menaçans si on ne les contentoit de cesser leurs leçons.* Quj en doutera lisant l'vn & l'autre dans les recherches de leur bon Aduocat Maistre Pasquier liure 3. chap. 20. 22. & 23?

Certes pour emprunter encore vne fois quelques palabres de nostre Declamateur, & m'en seruir auec plus de raison que luy, *Je n'aurois pas rapporté icy tant de veritez odieuses à cette* Compagnie (puis que i'en passe plusieurs autres sous silence) *si le discours de ceux qui persecutent* les Iesuites, *& leurs menées continuelles ne m'eussent obligé à la response, me faisant recourir à cette sorte d'armes, qui ne sçauroient estre qu'innocentes, puisque la seule necessité de la defense, & l'unique consideration du bien public me les met en main.*

Ce sont ses propres paroles en la conclusion de son Apologie.

Mais pourquoy la doctrine seroit-elle, comme il dit en ce cinquiesme point, *plus seurement entre les mains des Seculiers seuls, que des Iesuites seuls, ou de quelque autre corps Religieux que ce fut?* En vne Religion bien reglée, comme celle des Iesuites, les Superieurs & autres ayans charge, ne cessent de veiller sur la doctrine de leurs subiets, aussi bië que sur leurs mœurs,

& les particuliers s'entr'aduertiſſent & s'inſtruiſent auec eſprit de charité & dilection fraternelle ; là où entre ſeculiers, les intereſts cauſent trop ſouuent de la diuiſion, qui paſſe iuſques dans les inimitiés, partis formés, & brigues dangereuſes, dont on ſçait que les chefs font gloire, au grand preiudice non ſeulement de la charité, & de l'edification, mais auſſi de la doctrine & de la verité.

Cependant cette maniere de defenſe ne nous eſt point neceſſaire, puiſque noſtre Aduerſaire ſuppoſe ce qu'il ne ſçauroit prouuer ; Que ſi les Ieſuites eſtoient vnis à l'Vniuerſité, ils chaſſeroient tous les autres Profeſſeurs, demeurants ſeuls en la profeſſion d'enſeigner, & reſtants les vniques arbitres de la doctrine.

Au 6. point du meſme premier

article il dit, *que les Iesuites ne peuuent souffrir qu'aucun de leur corps soit repris d'erreur*, & le prouue par l'exemple *de la doctrine de Molina, Cellot, & autres.*

℟. Le Parlement de Paris le sçait: Il a veu seize des plus considerables de l'Ordre signer la condamnation de Santarelly ; la France, & tout le monde le sçait, qui a leu & conserue le liure du feu R. Pere Coton à l'encontre de Mariana. C'est dequoy ce Docteur ne peut estre ignorant que par malice, du moins sçait-il qu'ils ont fait venir le Pere Cellot de plus de 50 lieuës, pour entendre & deferer aux sentimens de la Sorbonne sur plusieurs propositions de son liure de la Hierarchie, ausquels il n'estoit pas obligé de se soubmetre. Quãd à Molina, c'est sãs raisõ, & hors de propos qu'il est cité en cette occaſion, ſa doctrine ne peut paſſer pour erreur que dans l'eſprit de l'Apologiſte. Il deuoit conſiderer que pluſieurs Docteurs de ſon corps la ſuiuent, & la ſouſtiennent auec les Ieſuites; entre autres tous les trois qui ont imprimé de la Theologie ſcholaſtique depuis Molina, qui ſont Meſſieurs Yſambert, de Gamaches, & du Val, le premier *ad q.18.3.partis, diſput. 2. de libertate Chriſti*; le ſecond *in 1. 2. ad q.111.cap.6. de gratia efficaci*; le troiſiéme *q. de liberio arbitrio art.7.* Voicy les mots de ſa concluſion. *Itaque verior & probabilior opinio eſt Suaris, Bellarmini & Molinæ q. 3. diſput.7.memb.6.*

Au reſte ſon reproche, *Que le ſentiment d'vn particulier deuient la doctrine publique de tout vn Ordre*, ne pouuoit eſtre fait plus mal à propos à pas vn, qu'à celuy des Ieſuites, lesquels tout le monde sçait n'estre liez & attachez à aucun autheur de leur Societé; l'Apologiste sans doute les aura pris pour d'autres, dont ceux-cy sont obligés de suiure en tout Scot, & ceux-là S. Thomas.

Ce qu'il adiouste que dans la Sorbonne *si vn particulier fait vn faux pas, il est aussi tost redressé par ses confreres, sa* PREMIERE *faute est suiuie d'vne aigre correction, & son opiniastreté d'vne punition exemplaire*, est si veritable, qu'vne bonne partie des articles qu'aucuns de ces Messieurs cherchans à mordre & piquoter les Iesuites, ont repris dans leurs ouurages, & bien plus grand nombre d'autres propositions, que les Iesuites n'auroient garde de souscrire, a esté & est encore tenu & enseigné par des Docteurs ausquels les confreres se gardent bien de dire mot.

AV II. ARTICLE.

Il prouue que la ſeparation de l'Vniuerſité & des Ieſuites eſt vtile à l'Egliſe, *pource que les eſprits ſe contiendront dans les limites d'vne* LOVABLE EMVLATION *& ſeront ſur leur garde, ſe ſurueillans reciproquement en leur doctrine & ſentiments.*

1. ℟. L'vnion ſeroit bien plus vtile & neceſſaire à cette fin, pource qu'elle feroit que L'EMVLATION de ces deux corps, qui a paru iuſques icy ſcandaleuſe, ſeroit en effect LOVABLE.

2. ℟. Il n'eſt pas neceſſaire pour les tenir ſur leurs gardes, & faire qu'ils ſe ſurueillent, qu'ils ſoient deſ-vnis, & ſeparés : I'en prens l'Apologiſte à teſmoin, qui

venoit de dire, il n'y auoit que trois lignes, tant il a peu ou de memoire ou de iugement, *Que dans la faculté de Theologie* (qui ne faict qu'vn corps) *si quelque particulier faict vn faux pas, il est aussi-tost redressé par ses confreres; que sa premiere faute est suiuie d'vne aigre correction, & son opiniastreté d'vne punition exemplaire.*

3. ℟. C'est vne maxime bien contraire à l'Euangile de vouloir establir la paix de l'Eglise, sur la discorde de ses parties.

4. ℟. Dire qu'il faut bannir l'vnion d'entre les Iesuites & la Sorbonne, afin que leur combat contre les erreurs soit plus fort, & l'authorité des articles dont ils seront d'accord soit plus grande, C'est dire en quelque façon qu'il est expedient, que les Catholiques & les Lutheriens demeurent op-

posés; afin que la presence reelle du Corps de nostre Seigneur au S. Sacrement, dont ils tombent d'accord, soit mieux establie, & se prouue plus fortement contre les Caluinistes.

Le reste de ce que contient ce second article, n'est point à propos, & suppose faux. Car de ce que les Iesuites seront vnis à l'Vniuersité de Paris, s'ensuit-il qu'il n'y aura personne sinon lesdits Iesuites qui combattront les erreurs? ou qu'ils domineront absolumēt, dans toutes les Vniuersités du monde, comme chante ce declamateur ?

Et quand il seroit vray, *qu'vn Corps Religieux n'est pas si propre à persuader les choses de nostre Religion, que Messieurs de Sorbonne,* s'ensuit-il que les Iesuites ne doiuent pas estre ioints à l'Vniuersité?

Et s'il eſt vray, *qu'vn corps regi d'vn ſeul Superieur peut eſtre facilement ſoubçonné de party, & n'a pas l'authorité d'vn corps compoſé de diuerſes ſortes de perſonnes*, A ce compte, quand l'Vniuerſité & la Sorbonne auroient receu les Ieſuites, ce corps compoſé de plus de ſorte de perſonnes, en ſeroit-il pas moins ſoubçonné de party?

AV III. ARTICLE.

Il predit la decadence de l'Ordre des Ieſuites, & dit, *qu'elle doit arriuer ſelon toute ſorte d'apparence*, donnant en cela vn grand aduantage, *aux aſſemblées des ſeculiers par deſſus celles des Religieux, à cauſe qu'ils n'ont pas tant d'vnion.*

Reſponſe. Cette raiſon preuue tout le contraire, il eſt des communautés comme des mixtes, qui durent dauantage, quand l'vnion des parties qui les composent est plus forte. C'est la mesme raison pourquoy les Empires sont ordinairement de plus longue durée que les Republiques Il n'y a point de Philosophie, si ce n'est celle de ce Docteur, qui n enseigne que la diuisió des parties est la ruine du tout: d'où il s'ensuit, que la grande vnion de tous les Iesuites, & auec leur chef, & par entr'eux, dont il tire des cõsequences de ruine, leur promet au cõtraire vne plus longue durée. Et s'il en falloit iuger par ailleurs, ie renuoirois volontiers l'Apologiste à la Response de Henry le Grand au President de Harley, où ce Prince des plus iudicieux qui furent iamais au monde dit, *il faut aduoüer, que le grand soin des Iesuites à ne rien changer ni alterer de leur premiere institution, les fera du-*

rer long-temps. Ce qui ne ſeroit pas ſans doubte, s'ils changoient auſſi legerement leurs Canons & leurs Regles, que les facultés de l'Vniuerſité de Paris font leurs Decrets; nous n'irons pas loin ſans en rencontrer des exemples.

Mais accordons luy de grace, ce qu'il ne peut prouuer, que les Ieſuites deſcheront, & tomberont quelque iour dans la tiedeur & le relaſche, que s'enſuit-il ? qu'il ne les faut pas vnir à l'Vniuerſité de peur qu'elle ne vienne à perir quand & eux? Pour reſponſe, ie luy ramene l'exemple qu'il apporte pour ſa preuue: ſçauoir, *que l'Ordre de S. Dominique auſſi conſiderable,* dit-il, *que celuy des Ieſuites, eſt deſcheu*, Car il ne conſideroit pas eſcriuant cela, que cet Ordre ſi conſiderable eſtoit deſia, deuant ſa pretenduë decadence, vni à l'Vniuersité, & que nonobstant cette vnion, il ne l'a pas tiré en ruine apres soy. Quand donc les Iesuites viendroient *à se relascher, & leur Zele à s'attiedir, & qu'ils seroient punis d'vne sterilité d'habiles gens*, dont il les menace, leur College de Clermont seroit comme la plus-part de ceux de l'Vniuersité, qui n'empeschent pas que les autres ne demeurent en leur vigueur, au contraire, ils les peuplent par leur solitude.

AV IV. ARTICLE.

Il dit, *que l'Vniuersité est vne pepiniere de CureZ, Archidiacres, Grand Vicaires, & Euesques: que cela ne seroit plus, si on ostoit aux supposts de ladite Vniuersité les occasions de s'exercer en la Regence, & que ce seroit vne sanglante playe à l'Eglise.*

1. ℞. Le Roy dans son Arrest du 15. Feurier de l'an 1618. a restabli le College des Iesuites dans l'Vniuersité de Paris, excité à cela, dit sa Maiesté, par les remonstrances des Estats Generaux, qui l'auoient demandé, pour faire que ladite Vniuersité retournast en son ancienne splendeur, & fut comme elle auoit esté, vn seminaire de toutes charges & dignités, tant *Ecclesiastiques*, que Seculieres. Que veut dire donc cet Apologiste?

2. ℞. Quand les escholiers des Iesuites trouués capables, seront receus aux degrez de Maistres ez Arts, & Docteurs, l'Vniuersité cessera-elle pour cela d'estre la pepiniere des Curez, & des Archidiacres? Quelle Logique?

Mais il prouue son dire, premierement, parce que la ieunesse de l'Vnil'Vniuersité ne pourra plus regenter.

1. ℞. Vous diriés à entendre cet homme, qu'il n'y a Euesque, Curé, Archidiacre, & Grand Vicaire en France, qui n'aye regenté la Philosophie & la Theologie dans l'Vniuersité de Paris ; & de cinq cent il ne s'en trouuera pas deux; Quelle proportion y a-il du nombre des Eueschés, Cures, Abbaies, & autres charges & emplois de l'Eglise en France, auec celuy des chaires publiques de l'Vniuersité de Paris ! Qui a iamais ouy dire, qu'entre les conditions recherchées par les canons & ordonnances, pour faire choix des Prelats & Pasteurs on y mit celle d'auoir regenté dans l'Vniuersité? D'ailleurs quelle apparence que les Princes & grands Seigneurs, ausquels il est raisonnable de distribuer les grãds

benefices & les plus eminentes charges, soient obligés de descendre & se raua'er iusques à la regence & la poussiere des classes?

2. ℞. Comment s'ensuit il que la ieunesse de l'Vniuersité ne pourra plus regenter, si les escholiers des Iesuites sont faicts Maistres ez Arts & Docteurs? si ce n'est peut estre que les escholiers desdits Iesuites, estants plus capables seront preferés pour la regence; Mais de cela que s'ensuiuroit-il sinon qu'on auroit aussi en suitte de plus suffisants Curés & Archidiacres?

Secondement, *Parce que*, dit-il, *il n'est encor sorti de tous les Colleges des Iesuites vn seul mediocrement bon Theologien, & Philosophe, de la Fleche, Lyon*, &c.

1. ℞. Vous en deuiés au moins excepter les Docteurs, qui ont les premiers regenté la Theologie

ſcholaſtique en Sorbonne, & qui ont eſté les guides & maiſtres de tous les autres. Ie veux croire pour voſtre honneur que vous en ignorez l'hiſtoire, & pour vous obliger ie la rapporteray icy en peu de mots. Sçachez donc que depuis l'an 1564. les lectures de Philoſophie & Theologie, ayans eſté tres-celebres dans le College des Ieſuites, iuſques à eſtre ordinairement honorées de la preſence de nombre de Prelats, & d'vne foule de perſonnes de marque & de conſideration : Ce qui ſe faiſoit en Sorbonne, eſtoit vne legere interpretation des Epiſtres de ſainct Paul, qu'on a veu ce temps-là continuée par le ſeul Docteur Poicteuin : Et s'il y a eu quelques leçons & interpretations des ſentences, elle n'ont eſté ni ordinaires ni reglées, & deuant ce temps-là meſme elles ne ſe faiſoiẽt point par des Docteurs, mais par quelques ieunes Bacheliers, tantôt l'vn tantoſt l'autre, ſeruãs pluſtot de tẽtatiue & d'examẽ de la capacité de celuy qui liſoit, que d'enſeignement & d'inſtruction au public & aux eſcholiers; qui n'y alloient que rarement, & pour faire plaiſir à celuy qui montoit en chaire, & l'honorer comme ami, non pour faire ſous luy leurs eſtudes. Les leçons de Theologie ſcholaſtique reglées, n'y ont eſté eſtablies, & entrepriſes par les Docteurs contre les ſtatuts meſme de la maiſon de Sorbonne, que depuis l'eſloignement des Ieſuites. L'occaſion vint des plaintes que firent leurs eſcholiers que le College de Clairmont eſtant interdit, ils ne ſçauoient ou aller acheuer leurs eſtudes. Cela ſçeu, le Preſident de Thou (qui par le malheur du temps, ne cognoissoit & n'aimoit pas les Iesuites, à proportion des seruices qu'ils ont rendu depuis à son fils, & de la confiance dont il les a honorez en sa saincte mort) pour fermer la porte au retour des Iesuites, & empescher qu'on n'en demandât & poursuiuit le restablissement, persuada au feu Roy, par l'entremise du Cardinal du Perron, de fonder en Sorbonne deux lecteurs ordinaires de Theologie scholastique; à quoy furent choisis & presentés par l'Archeuesque de Bourges Grand Aumosnier de France, les Docteurs du Val & Benoist le Ieune, qui tous deux, Monsieur le Docteur, auoient estudié en Theologie sous les Iesuites. Si vous ne me croyez demandez-le à vos anciens, & entre autres à Monsieur le Curé de S. Nicolas du Chardonneret, ils sont trop gens de bien pour vous dissimuler la verité; & vous eussiés esté plus sage si deuant que de noircir vos plumes, vostre papier, & vostre ame, de l'ancre dont vous auez escrit contre les Iesuites, vous eussiez pris leurs aduis, & vous fussiés sousmis à leurs censures.

2. ℟. Que de tous les Colleges des Iesuites ensemble, il ne soit pas sorti vn seul mediocrement bon Theologien ou Philosophe? A quel ieu auiez vous perdu la honte, Monsieur l'Apologiste, deuant que de coucher sur le papier cette impudence? ouurez les yeux sur tous ceux qui tiennent auiourd'huy les charges & dignités les plus releuées de l'Eglise, & de l'Estat. Informez vous où ils ont fait leurs estudes, sous les Iesuites ou dans l'Vniuersité de Paris, & ie vous dis, demeurant au deça de

l'exaggeration, autant que vous auez passé au delà, que vous en trouuerez deux de ceux-là, contre vn de ceux-ci.

3. ℞. Cognoissez vous Messieurs les Euesques de Meaux & de Sarlat? Celui-cy à faict ses estudes de Philosophie & Theologie à Lyon, Celuy-là à la Fleche, lesquels deux Colleges, vous auez trouué bon de marquer nommement entre ceux dont il n'est pas encore sorti vn seul mediocrement bon Theologien & Philosophe.

4. ℞. Ie vous pourrois nommer cinquante autres Prelats, qui ont honoré les Classes superieures des Iesuites de leur presence, & par leurs estudes, Monsigneur le Cardinal de la Rochefoucauld, & feus Messigneurs les Cardinaux de Berulle & de la Valette, Monsieur l'Archeuesque d'Arles, Mon-

ſieur l'Eueſque de Langres, Monſieur l'Eueſque de Liſieux, Monſieur l'Eueſque d'Auch, Monſieur l'Eueſque du Puis, le B Eueſque de Geneue, celuy d'Orleans deffunct &c Mais i'ayme mieux vous renuoyer à voſtre Sorbonne, eſtes vous ſi ieune, que vous n'aiez point entendu parler outre les Docteurs que ie vous ay nommé cy-deſſus Du-Val & Benoiſt, de Meſſieurs Pigenat, & Varadies, Curez de S. Nicolas des Champs, la Sauſaye Curé de S. Iacques, Ginceſtre Curé de S. Geruais, Loppé grand Maiſtre de Nauarre? N'aués vous point cogneu feus Meſſieurs Iſamber, le Clair, Maucler & Eſſelin? ne voyés vous pas encore pleins de vie les plus anciens de voſtre faculté, Monſieur Mulot, qui en eſt le Doyen, Monſieur Froger Curé de S. Nicolas du Chardonneret, qui s'eſt ſi loüablement acquitté chez vous de la charge de Syndic, Monſieur Vaillant vn de vos plus vaillans Docteurs, Monſieur Chappellas Curé de S. Iaques, Monſieur Cornet grand maiſtre de Nauarre, Monſieur Friſon, & tant d'autres qui ont eſté eſcholiers des Ieſuites, les vns en Philoſophie, les autres & la pluſpart meſme en Theologie ? ce qui fit dire au Preſident de Harlay, en ſa remonſtrance au Roy Henry IV. que vous fites imprimer contre les Ieſuites l'an 1624. ces mots, *les Ieſuites lors de leur eſtabliſſement, n'auoient point de plus grãds aduerſaires que la Sorbonne, à preſent*, l'an 1603, *elle leur eſt fauorable, parce qu'vn monde de ieunes Theologiens ont fait leurs eſtudes en leurs Colleges.* Ceux que i'ay nommé, Monſieur le Docteur, faiſoient lors vne partie de ce grand monde de ieunes Theologiens, dont la plusspart sont maintenant morts, ceux qui restẽt sont vos anciens, interrogez-les, & leurs demandez s'ils sont de vostre aduis, *Que de tous les Colleges des Iesuites, il ne soit pas encor sorti un seul mediocrement bon Philosophe & Theologien*, & prenez garde à n'abuser pas de la response, que leur pourroit faire rendre leur modestie.

5. ℟. Sans prendre la peine de faire autre plus ample recherche, suffit de vous dire, Monsieur le discoureur, qu'il n'y a année que du seul College de Clermont il ne sorte 30. ou 40. Philosophes, qui seroient honteux d'auoir faict les fautes de raisonnement & de logique, qui paroissent dans vostre Apologie.

Encore ce Docteur faisant semblant de ne douter aucunement de la verité de ſon impoſture, ſe met à chercher la cauſe de cette pretenduë ſterilité des eſcholes des Ieſuites, cela merite bien quelque reflexion : il dit, *que ce deſordre ne peut prouenir que du defaut d'exercice*. Prenons le donc au mot (& quoy que ſix vingt diſputes publiques & plus, qui ſe font chaque année par Theſes imprimées, en deux Claſſes de Philoſophie du College de Clermont, dementent aſſez ſon impoſture, puis qu'il ne s'en fait pas tant en tous les Colleges de l'Vniuerſité enſemble, l'eſpace de pluſieurs années) Pour le combattre neantmoins de ſes propres armes, concluons de ce defaux d'exercice, qu'il ſuppoſe eſtre dans le College de Clermont, Que l'vnion des Ieſuites à l'Vniuerſité y remedieroit, tant pource qu'elle tireroit dans leurs classes superieures, comme il preuue par dessein en son 3. chapitre, grand nombre d'escholiers d'où despend cet exercice, que pour ce qu'elle donneroit lieu aux disputes & conferences de Messieurs de l'Vniuersité auec lesdits Iesuites & leurs escholiers, telles qu'elles se sont faites iadis l'espace de 30. ans, depuis l'an.1563. iusques à l'an.1594. au grand profit de l'vn & l'autre party.

AV V. ARTICLE.

Il dit, *que l'Vniuersité demeurant en son estat, les Euesques & autres patrons ordinaires pourront au grand bien de l'Eglise conferer les benefices à ceux de ladite Vniuersité, qu'ils auront veu paroistre dans les actes.*

Responsе. L'vnion des Iesuites

à l'Vniuersité ne les en empesche-ra pas, au contraire obseruans & remarquans la capacité de ceux qui paroistront aussi dans les actes publics chés les Iesuites, ils feront comparaison des vns aux autres, & par ce moyen en porteront vn plus sain iugement : & la communication de la dispute qui se fera, comme iadis des Iesuites & de leurs auditeurs, auec les Regents de l'Vniuersité & leurs escholiers, fera mieux cognoistre le merite des sçauants & habilles hommes, de quelque party qu'ils soient.

AV VI. & dernier ARTICLE.

Il declame *contre la facilité que les Colleges des Iesuites dōnẽt en plusieurs villes, d'apprendre les sciences superieures, & veut que la prudence mettant la main à vne reforme serieuse, borne tout l'exercice des petites villes à la seule Latinité & au Rituel.*

1. ℟. Souuenez-vous de vostre dessein, M. l'Apologiste, il n'est nullement question de sçauoir si on ne doit point ouurir de classes superieures, sinon en la ville de Paris : Ce dont il s'agit est, de determiner s'il faut que le College des Iesuites de Paris soit vny à l'Vniuersité, ou plustost si leurs escholiers estants trouuez capables, ne doiuent pas estre receus aux degrez de Maistres ez Arts & de Docteur, & si vous auez droict de les en exclurre, & les leur refuser, contre le commandement du Roy, & les Arrests de son Conseil ?

2. ℟. Ce Docteur qui fera tantost en son 3. chapitre le zelé pour les pauures estudians, ne fait pas icy difficulté de ruiner leur fortune, moyennant que par là il puisse en

quelque façon nuire aux Iesuites. Il veut qu'on reduise leurs Colleges à enseigner la seule latinité & le rituel, laissant aux seules Vniuersités les plus hautes sciences & facultés: & ne considere pas, que si cela estoit, plusieurs qui trouuent le moyen de s'aduancer aux estudes pres de leurs parents, ne pouuans estre entretenus par eux au loing & dans les Vniuersités, demeureroient sans secours ; & la profession des lettres seroit restrainte aux seules personnes riches, qui n'y sont pas tousiours les plus propres. Mais s'il auoit esté bien aduisé luy mesme, il auroit attendu de donner ses aduis & moyens de reformation des Iesuites & de l'Estat, lors qu'on les luy auroit demandé, & qu'il seroit appellé au Conseil.

RESPONSE AV CHAPITRE SECOND.

Ce Chapitre doit auoir les preuues de l'autre proposition que l'Apologiste a mis en auant : *Que la ruine de l'Vniuersité met l'Estat en vn peril euident*, voyons si nous les y trouuerons.

AV PREMIER ARTICLE.

Il dit, *que les Iesuites sont sous la conduite d'vn General, qu'ils sont espandus par tout le monde, qu'ils ont d'estroites obligations à l'Espagne, & de l'inclination pour ce Royaume là.*

1. ℞. Où en estes-vous, Mr le Docteur, auez-vous perdu vostre estoile ? Souuenez-vous de ce que vous auez entrepris de prouuer en ce chapitre, il ne s'agit pas maintenant

tenant de ſçauoir quels ſont les Ie-ſuites, François ou Eſpagnols, mais ſeulement de monſtrer, *Que la ruine de l'Vniuerſité de Paris tireroit apres ſoy neceſſairement celle de l'Eſtat.*

2. ℞. Vous faites ſemblant d'ignorer les obligatiós infinies, que les Ieſuites ont à la France, quoy qu'elles ſoient eſclairées du ſoleil & cogneuës de tout le monde.

3. ℞. Il n'y a plus que les gens de neant, & ie ne ſçay quels Suppoſts de l'Vniuerſité, qui appellent en France les Ieſuites Eſpagnols.

4. ℞. Ceux qui ont voyagé ſçauent que hors du Royaume en pluſieurs endroits, on reproche aux Ieſuites qu'ils ſont François, & leur ennemis de ces pays-là croient eſtre auſſi bien fondez, & auoir autant de ſubiet de leur faire ce beau reproche, que

ceux de par deça de les nommer Espagnols.

5. R. Au moins si pour donner quelque couleur & apparence de probabilité à vostre calomnie touchant l'inclination pretenduë des Iesuites pour l'Espagne, vous eussiez allegué l'hóneur que leurs ont fait les Roys Henry 3. & Henry 4. d'heureuse memoire, & que leur a tousiours depuis trente-trois ans continué nostre tres-auguste Monarque Louys 13. de prendre pour Confesseur quelqu'vn de leur corps. Qu'elle plus forte preuue des obligations que les Iesuites ont à l'Espagne, que la fondarion Royale du College de la Flesche? Que n'auez vous fait mention de ce qu'ils sont si glorieusement logez dans le Palais, & dans la Châbre ou Henry le Grand fut conçeu pour le bon-heur de la France?

Comment aués vous oublié qu'ils possedent en vne de leurs Eglises, le cœur de cet incomparable Monarque? Que ne vous estes vous fait instruire des liberalités & des bõtés sans pareilles de nostre tres-grand Roy Louys le Iuste enuers toute la Societé? Tant de Colleges fondez, & tant d'Eglises, nommément cet auguste Temple de S. Louys basty par sa magnificence Royale?

Ce liure a esté composé deuãt le deceds du Roi qui à l'imitation de son pere, a laissé aussi son cœur aux Iesuites pour marquer à iamais sa biēueillance en leur endroit & tesmoigner les asseurances qu'il auoit de leur fidelité & zele à son seruice.

AV SECOND ARTICLE.

Il dit, *qu'il est dangereux à l'Estat de commettre toute la ieunesse du Royaume aux Iesuites, qui obligez par des fondations & bienfaits pourroient se lier auec quelques Princes & Ministres d'Estat au preiudice de l'Estat.*

1. R. Arrestons nous au passé,

l'aduenir est trop incertain : l'Histoire de France nous apprend, qu'en effect il a esté tres-dangereux à l'Estat toutes & quantes fois que le Recteur & l'Vniuersité se sont voulu messer des affaires d'Estat.

2. ℟. Sous la conduite de qui est il plus dangereux de mettre la ieunesse Françoise, ou de ceux qui auec esprit de reuolte, ont osé s'opposer depuis 25 ans aux volontés absoluës du Roy, qui a commandé que ses subiets escholiers des Iesuites fussent receus aux degrez comme les autres, ou bien de ceux qui en poursuiuent l'execution?

3. ℟. Quand ceux des escholiers du College de Clermont qui aurõt esté trouuez capables, serõt receus Maistres ez Arts & Docteurs, comme les autres de l'Vniuersité,

toute la ieunesse du Royaume sera elle pour cela commise aux Iesuites?

4. ℞. L'Apologiste ne craignoit-il point escriuant ce que nous venons de lire, de donner occasion au monde de penser & faire reflexion sur les magnificences de la Sorbonne? qui a desia deferé autrefois en tant qu'en elle estoit la Couronne de France à vn Prince estranger? & a recogneu vn Anglois pour son Roy?

Dupleix to. 4. pag. 160. lig. 19 & 34. Belleforest to. 2. li. 5. ch. 92.

Il apporte *l'exemple de Sertorius, & dit que les Venitiens ont exterminé les Iesuites de leurs terres, pource qu'ils auoient dit, qu'il estoit en leur pouuoir de se rendre Maistres de la Republique, dont ils auoient les enfants pour ostages.*

Response. C'est en ce seul article, où l'Apologiste a monstré vn peu de memoire & de iugement, de ne s'estre point coupé à son ordinaire; Car de peur de contredire ce qu'il auoit auancé sur l'article premier du premier chapitre, au 4. point, *Que les Iesuites n'ont pas fait de difficulté d'estre deserteurs du Sainct Siege en toutes occasions*: Il a mieux aymé mentir encore vn coup en celui.cy, & controuuer vne nouuelle imposture, que de confesser la cause cognuë de tout le monde, pourquoy les Venitiens n'ont pas voulu permettre aux Iesuites le retour en leurs terres.

Ce qu'il adiouste contre les Congregations de la B. Vierge Marie, est vne calomnie plus digne de l'Anticoton & du Moulin, que d'vn Docteur. Cela meriteroit bien vne punition exemplaire procurée par ces Signeurs de marque, tant Ecclesiastiques, que Seculiers, & Officiers de Cours

Souueraines, dont il taxe les desſeins auec tant d'effronterie & & d'impudence, les accuſant d'eſtre gens à broüiller l'Eſtat ſous couuerture de pieté ; n'eſtoit qu'ils apprennent en leur ſaincte Congregation à pardonner les iniures, & s'inſtruiſent à commander leurs paſſions, mieux que ne ſçait faire ce Docteur. Mais quelle liaiſon à la Congregation de N. Dame eſtablie à Sainct Louys, auec les degrez de Maiſtres ez Arts, que le Roy veut eſtre conferez aux eſcholiers de Clermont, s'ils ſont trouués capables ? & que l'Vniuerſité leur refuſe auec rebellion depuis 25. ans?

AV III. ARTICLE.

Il accuſe les Ieſuites de faire *peu de perſonnes eminemment ſçauantes*.

& nombre DE MEDIOCRES, *qui n'est autre chose*, dit-il, *que mettre leurs disciples en vn estat auquel l'ignorance est indubitablement preferable.*

1. ℞. Encore s'est-il amandé, il auoit dit dans le premier chapitre article 4. *Que de tous les Colleges des Jesuites ensemble, il n'estoit pas encore sorti vn seul* MEDIOCREMENT BON *Theologien ou Philosophe*; icy il en recognoist au moins *quelque peu d'eminemment sçauans*, & au reste *si grand nõbre de* MEDIOCRES, qu'il adiouste que *le fardeau en est insupportable à l'Estat.*

2. ℞. Dans le mesme premier chapitre article 6. il auoit distingué *deux sortes de charges & dignitez, grandes, & petites*, & auoit dit, *que pour ne pas rompre l'orde, ny violer l'harmonie, il falloit commettre les grandes aux grands esprits, & les pe-*

tites à ceux qui n'ont qu'vne MEDIOCRE SVFFISANCE. Il ne ſe deuoit pas meſler du meſtier qu'il fait, où il falloit auoir meilleure prouiſion de memoire. Car il ſçait aſſés que les grandes charges d'vn Eſtat ſont peu en nombre, & que des petites il y en a ſans fin.

3. ℞. Toutes ces inuectiues ſont ſans verité & ſãs fondement, les Ieſuites ont bien ſuiet de dire pis des Colleges de l'Vniuerſité, mais ils ont auſſi plus de retenuë.

AV IV. ARTICLE.

Cet article tout entier n'eſt qu'vne iactance de la gloire de l'Vniuerſité de Paris, qu'il dit reiallir ſur tout l'Eſtat, & on en demeure d'accord.

AV V. ARTICLE.

Il s'eſtend ſur la nombreuſe multitude d'eſcholiers, qui eſtoient autresfois dans l'Vniuerſité de Paris. Il dit, *Que les estrangers y succoient agreablement l'humeur Françoise, apprenoient à respecter nos Roys qui estoit sa plus vieille leçon, & s'interessoient en la grandeur d'vn Royaume, qu'ils estoient venus chercher de si loing. Bref que la ville de Paris, a iadis veu tout à la fois 14. ou 15. mille estrangers disciples de son Vniuersité, ce qui ne se void plus, & que pour luy faire recouurer cette ancienne splendeur, il faudroit retrancher quantité de ces petits Colleges de Iesuites, qui sont autant d'Vniuersitez demembrées.*

1. ℟. C'est vn tres-grand bien pour l'Estat (dont il s'agit en ce chapitre) qu'il n'y ait pas si grand nombre d'estrangers dans Paris: il n'y en a desia que trop, tant pour autres raisons, que pour la chereté de toutes choses, & nommément celle du bled, qui depuis peu

mesme a pensé causer des seditiós, que quelques vns de l'Vniuersité, ont tasché par charité Chrestienne, en semant malicieusement de faux bruits parmi le peuple, de faire tomber sur la teste des Iesuites.

2. ℞. He ie vous prie que faisoit lors dans l'Vniuersité cette enorme multitude d'estudiants estrangers, ou plustot d'enuoiés pour ce faire? Le Cardinal de Vitry nous aprend en son histoire Occidentale, ce qui s'y faisoit de son temps il y a quatre cents ans. *Omnes fere Parisienses scholares* ADVENÆ ET HOSPITES *ad nihil aliud vacabant, nisi aut dicere aut audire aliquid noui.* Et en vn autre endroit, *Scholastici pro diuersitate nationum mutuò dissidentes, inuidentes, & detrahentes, contra se contumelias & opprobria impudenter profere-*

bant; Anglicos potatores & caudatos affirmantes, francigenas superbos & molles, &c. Teutonicos furibundos, &c. Normannos inanes & gloriosos, Pictauos proditores & fortunæ amicos, Qui de Burgundia brutos & stultos, Britones leues & vagos, &c. Flandrenses more butyri molles ac remissos, &c. Et propter eiusmodi conuitia de verbis frequenter ad verbera procedebant, &c. Nostre Docteur d'auiourd'huy a-t'il pas subiet de vanter le nombre de tels escholiers?

3. ℞. S'il est ainsi qu'il se soit iamais trouué quinze mille escholiers estrangers dans l'Vniuersité de Paris, il y a apparence que c'aura esté en ces mesmes temps là, & à l'occasion de ses armées d'estrangers, que ladite Vniuersité emouuoit tant de seditions, & osoit bien se reuolter contre nos Roys. En

effet vne grande partie des estrangers qui y venoient estudier, estoient suiets du Roy d'Angleterre, aussi y auoit-il lors vn Procureur particulier de cette nation, tant elle y estoit nombreuse: Et au reste ils s'y gouuernoient si bien, que l'on fut enfin obligé de les en chasser, auec quelques autres estrangers, dont Ioannes Sarisberiensis Anglois de nation, se plaint en son Epistre 211. *Mercuriales* (ainsi nomme-il ceux de l'Vniuersité) *adeo depressi sunt, ut Francia omnium mitissima & ciuilissima nationum alienigenas scholares abegerit.* Et neantmoins ces ennemis de la France aians depuis trouué moien d'y reuenir, Nangis escrit que l'an 1281. c'est à dire cent ans apres ou enuiron, les Anglois estoient si puissans en l'Vniuersité, que poursuiuants à outrance les suiets du

Roy, & enfonçans les maisons où ils s'estoient cachés, ils en firent tel massacre, que l'Vniuersité demeura quasi deserte; A present mesme on voit qu'il y a plus de ces nations que de toute autre sorte d'estrangers. Or i'aduoüe, auec nostre Docteur, qu'ils se monstroient fort *interessés en la grandeur de ce Royaume*, car ils luy coupoient bras & iambes, & l'estropioient de tous costés, Guienne, Xaintonge, Engoumois, Aulnis, Poictou, Bretagne, Normandie, & Picardie.

Mais certainement l'Vniuersité n'enseignoit gueres bien à ces anciens & coniurés ennemis des François, *sa vieille leçon de respecter nos Rois*; il y a bien plus d'apparence qu'ils enseignoient eux à l'Vniuersité leur vieille leçon de degrader nos Rois, pour mettre en leur place ceux d'Angleterre, puis qu'en effet elle a recognu Henry 6. pour Roy de France, au preiudice de Charles 7. qui en estoit le seul vray, & legitime heritier, comme Dieu le choisit pour en estre le liberateur & restaurateur.

De plus, n'y a-il pas suiet de croire que ces Insulaires estans de retour de l'Vniuersité, en leur païs rude & grossier, & regrettans les delices de Paris, *qu'ils auoient trop agreablement succé*, & le doux air qu'ils auoient respiré en leur ieunesse, ioint les intelligences qu'eux & les gens de leurs suittes, & ceux qui probablement les enuoyoient expres pour cette fin, y auoient pratiqué à loisir & bien à l'aise, se portoient facilement à y retourner, comme ils ont faict tant de fois à main armée, & auec le danger euident de l'Estat, qui s'est veu reduit par eux au bord du precipice, & à deux doigts de ſa ruine?

3. ℟. Voila vne merueilleuſe Logique, que pour tendre à l'Vniuerſité de Paris quinze mille eſtrangers, il faille retrancher les petits Colleges que les Ieſuites ont en France. Pour venir à bout de voſtre deſſein, vous euſſiez mieux fait, Monſieur l'Apologiſte, d'adreſſer vos plaintes aux Princes eſtrangers, & leur demander qu'ils retranchaſſent les Colleges des Ieſuites, qu'ils ont eſtabli en leur terres; Mais pource qu'il y a grande apparence que vous n'y auriés rien gaigné, & qu'ils ont de meilleurs Conſeillers que vous, ie vous dis, qu'il ſeroit bien plus à propos d'eſtablir force Colleges de Ieſuites en France, s'il n'y en auoit encor aſſez, pour empeſcher, qu'au lieu que les eſtrangers venoient iadis à

l'Vnil'Vniuersité de Paris, les François n'allassent chercher dans les païs estrangers l'instruction des Iesuites, comme ils faisoient pendant le temps de leur esloignement: Tesmoin l'Vniuersité du Pont-à-Mousson, celles de Flandre, & d'Alemagne, qui regorgeoient lors de ieunesse Françoise, nonobstant les Arrests que les enuies & animosités ordinaites de quelques vns de l'Vniuersité de Paris, extorquoient du Parlement.

4. ℞. Dire que pour rendre l'Vniuersité de Paris plus nombreuse en escholiers, il faudroit supprimer tous les autres Colleges de la France: C'est dire par mesme raison que pour rendre vne Parroisse de Paris plus peuplée, il faudroit ietter les autres par terre: Que pour agrandir la ville il faudroit ruiner toutes les autres de la

France: Et que pour rendre la Sorbonne & Calui plus florissans, il faudroit abatre Nauarre, & tous les autres Colleges. La raison qui iustifie le nombre des Parroisses dans vne mesme ville, & des villes dans vn Estat, prouue aussi le nombre des Colleges dans vn Royaume. C'est qu'en telles choses on doit auoir plus d'esgard au bien public, à la Commodité du monde & à la necessité, qu'à la vaine gloire & iactance d'vn corps particulier.

5. ℟. Henry 4. de bonne & heureuse memoire, en la response qu'il fit au Presidét de Harlay, rapportée par Dupleix en la vie de ce Prince, dit, *que l'Vniuersité de Paris auoit occasion de regretter les Iesuites, pource qu'en leur absence elle estoit comme deserte*, & depuis le restablissement du College de Cler-

mont, peu s'en faut s'il n'y a deux fois autant d'eſcholiers, qu'il y en auoit le temps que ledit College eſtoit fermé : Quand donc les eſcholiers dudit College ſeront receus aux degrez par Meſſieurs de l'Vniuerſité, pourquoy ce nombre diminuera-il?

AV VI. ARTICLE.

Il dit, *Que les Ieſuites n'acquerront iamais le bruit de l'Vniuerſité de Paris, que leur relaſche eſt deſia* TOVT VISIBLE, *qu'ils n'ont plus de ſi habiles gens que par le paſſé : Mais quand à l'Vniuerſité, que le nombre d'habiles hommes & de perſonnes rares eſt plus ample qu'il ne fut iamais. Seulement eſt il deplorable que l'occaſion leur manque de profeſſer toute ſorte de ſciences dans ladite Vniuerſité, & de mettre en vogue chaqu'vne des facultés, qui sont les precieux membres de ce corps.*

1. ℟. Sçauoir qui a plus de reputation les autres Colleges de l'Vniuersité tous ensemble au nombre de 50. ou bien ie ne diray pas en general (comme vous) les Iesuites, mais le seul College de Clermont, Ce n'est pas à vous à qui on s'en rapporte, Monsieur l'Aduocat, vous n'estes pas iuge competent. Bien moins vous appartient-il de prononcer sur le futur, sçauoir qui acquerra le plus de reputation de ces deux corps : la passion vous trouble la veuë, laissez le iugement de l'vn & l'autre temps à ceux qui ne s'estiment pas si fort interessez que vous, qui croyez & criez, que l'Vniuersité sera ruinée, si les escholiers des Iesuites sont receus Maistres ez arts, & qui estes si aueuglé que d'espe-

rer de faire passer vos petits interests pretendus, pour la ruine de la Religion & de l'Estat.

2. ℞. Ce relasche des Iesuites & ce defaut d'habiles gens n'est *visible* qu'aux yeux qui se seruent de vos lunettes.

3. ℞. S'il est vray que le nombre d'habiles hommes dans l'Vniuersité est plus ample, qu'il ne fut iamais, ie ne sçay d'où ils y sont venus, s'ils ne sont tombez des nuës. Car de l'Vniuersité mesme, il n'y a point d'apparence, nostre Apologiste ne faict que lamenter sa solitude & ses deserts; Il y a conté autrefois 15 mille estrangers, & il n'y trouue pas mesme à present des François. De dire aussi qu'ils sortent des Colleges des Iesuite srespandus par toute la France, encor moins, si on le croit; car de tous ceux qu'ils ont dans le Royaume,

il a protesté en l'article 4. du chap. 1. qu'il n'en est pas encore sorti *vn seul mediocrement bon Theologien ou Philosophe.*

4. ℟. Les lamentations de cet Apologiste sont elle pas dignes de risée ? Car premierement qui luy oste & à ses consors l'occasion de professer non seulement la Medecine & le droit Canon ; mais aussi la Theologie, la Philosophie & les Humanités dans l'Vniuersité de Paris ? Si les Iesuites le font en leur College de Clermõt, vous en auez cinquante pour vn, qui vous empesche d'y faire merueilles ? veu nommement *que desia les Jesuites n'ont plus d'habiles gens*, pour se faire suiure, là où dans l'Vniuersité le *nombre des habiles hommes & des personnes rares est plus ample qu'il ne fut iamais.* Mais n'est-ce pas faire le monde bien gruë, que de penser

persuader, que tant de personnes illustres en toutes qualités ayment mieux commettre leurs enfants aux Iesuites ignorans, que de les donner à instruire à pas vn, de ce grand tas d'habiles hommes de l'Vniuersité?

Secondement n'est-ce pas vne chose estrange, qu'il est tousiours aduis à cet homme qu'il n'y a de l'employ pour les habiles gens, dont il dit que l'on regorge en ce temps, sinon dans la Regence de l'Vniuersité? C'est ce qu'il deuroit *deplorer*, qu'il aye la veuë si basse & si courte que de ne voir & ne pouuoir considerer que ce qui le touche de si pres.

AV VII. & dernier ARTICLE.

Il appuie ses puissantes raisons deduites cy-dessus par des exemples, & dit, *Que plusieurs estats n'ont point voulu admettre les Iesuites dans leurs Vniuersités, Rome, Boulogne, Pise, Louuain, & Venize.*

1. ℞. Ie luy feray voir que les exemples manquent à ses raisons, & la raison à ses exemples. Car premierement, quand tout ce qu'il dit de Rome, Boulogne, Pise, Louuain, & Venize seroit vray, il seroit hors de propos, veu qu'il n'y a pas vne de ces villes, si ce n'est Louuain (qui a receu de l'Vniuersité de Paris le leuain qui l'a aigrie & soulevée contre les Iesuites) où on refuse les degrez aux Escholiers des Iesuites, quand ils se trouuent capables; & cela cependant est tout ce dont il est icy qu'estion.

2. ℞. Le nombre de ses faussetez surpasse de beaucoup celuy de ses exemples. Voyons-le.

A *Rome*, dit-il, *les Jesuites ne*

donnent pas les degrez.

Resp. Fausseté. Il y a dix mille François qui sçauent le contraire. Et quand il seroit vray que les Iesuites ne donnassent pas eux mesmes les degrez à Rome, s'ensuiuroit-il que leurs escholiers ne les deussent pas receuoir à Paris? & que l'Vniuersité leur deut les refuser, contre la volonté & le commandement du Roy?

Ils ny enseignent sinon faute d'autres.

Resp. Autre fausseté. Est-il possible que ce Docteur ne cognoisse pas la Sapience? He dont que ne donne-il aduis de ce defaux pretendu à cette fourmiliere d'habiles hommes de l'Vniuersité de Paris? Ils courroient tous à Rome, & trouueroient là les occasions de professer toutes les sortes de sciences, qu'il regrette tant leur manquer à Paris?

Les Italiens ayment mieux s'appliquer aux emplois lucratifs de la Cour de Rome, qu'à Regenter.

Resp. Si est-ce que l'Apologiste estime que la regence est vn employ bien lucratif. C'est à ce suiet qu'il deplore tant que cette amorce manque à ses Consors; C'est encore pourquoy il accuse les Iesuites en l'Article 3. de son 1. chapitre, d'auoir acquis en ce mestier, *de prodigieuses opulences*, nonobstant qu'ils enseignent gratuitement.

A Boulogne, dit-il, *les Iesuites ont deffence d'ouurir des classes plus hautes que la troisiesme*

Resp. Si i'estois vostre iuge, ie vous ordonnerois d'y aller faire vn tour pour vous instruire de v[illegible] yeux, & y receuoir la confusi[illegible] que merite cette imposture.

A Pise, il dit, *que le Duc de Fl[illegible]rence leur a fermé l'Vniuersité.*

Resp. Le Duc de Florence a offert à leur deffunct Pere General Aquauiua, les facultés entiere de Philosophie & Theologie de ladite Vniuersité. Les causes pour lesquelles ce grand personnage ne les accepta point, l'Apologiste ne les sçaura pas; & puisqu'il soubçonne la conduite des Iesuites *de mysteres cachez & secrets*, il luy sera bien force de mettre cestui-cy au nombre.

A Louuain, il dit, *que les Iesuites n'ont peu s'introduire en l'Vniuersité, &* Y ENSEIGNER LA THEOLOGIE, *& que l'Archiduc & le Roy d'Espagne se sont monstrez inexorables, & le credit des Iesuites s'est troué trop court.*

1. ℞. Puisque les Iesuites ont eu si peu de credit chez les Espagnols, ce que l'Apologiste leur reprochoit tantost au 1. point de ce

chapitre, n'eſt pas à craindre, qu'ils trahiſſent la France en faueur de la l'Eſpagne. Car le feu Roy Henry 4. d'heureuſe memoire, leur bailla l'an 1609. des lettres patentes pour enſeigner la Theologie dans Paris, qui vaut bien Louuain: & noſtre grand Roy y a reſtably non ſeulement la Theologie, mais auſſi toutes les autres claſſes, conformement au deſſein qu'en auoit eu ſondit Pere, comme ſa Majeſté l'aſſeure en ſes lettres patentes de 1610. & 1618. & ſuiuant l'exemple de ſes predeceſſeurs Henry 2. François 2. Charle 9 & Henry 3. leſquels tous ont permis l'eſtabliſſement des Ieſuites en France, & l'ont confirmé par letres expreſſes & authẽtiques, quelques vns leurs en ayans donné pendant leur regne iuſquesà trois & quatre fois.

2. ℟. Que veut donc dire ce que

vous fites imprimer l'an 1624. dans ce recueil de tant de pieces en faueur des Vniuersitez contre les Iesuites? Car dans l'extraict de l'aduis donné par le Conseil de Brabant au Duc de Parme, touchant la promotion aux degrés par les Iesuites, ie trouue ces mots, *Nous auons enuoye a ceux de l'Vniuersité de Louuain sur cet affaire, qui sur ce nous ont enuoyé leur rescription, dont trouuons plusieurs raisons si fondées & preignantes, que nous semble nullement conuenir de permettre ausdits Peres lesdites promotions, mais bien qu'ils pourrōt faire leçons* PVBLIQVES *en leurs Colleges tant ez Arts, qu'en la Theologie*, &c. Accordez vous Messieurs.

3. ℞. Sans se mettre en peine de chercher autre cause de l'auersion des Docteurs de Louuain contre les Iesuites, sinon l'exemple de

l'Vniuersité de Paris, & les mesmes passions qui possedent nostre Apologiste; Il nous suffit que ce ne peut estre celle qu'il doit enuisager en ce second chapitre de son liure, dont le dessein estoit (il l'en faut tousiours faire ressouuenir) de prouuer que l'vnion des Iesuites à l'Vniuersité tireroit apres soy la ruine de l'Estat; Il est bien aisé de monstrer que rien de semblable n'a lieu à l'esgard de Louuain, en ce qui est de l'Archiduc & des Roys d'Espagne; Car ces Princes ont voulu & consenti l'vnion des Iesuites auec d'autres Vniuersités de leurs Estats, aussi considerables que celle de Louuain, esquelles lesdits Peres Iesuites peuuent passer Docteurs, & regentent les facultés superieures & inferieures, telles sont Douay, Madrit, Salamanque, Seuille, Alcala, Segouie,

Coimbre, Lisbone, Euora, & plusieurs autres.

Ce qu'il adiouste, *que le mesme Archiduc punit autresfois l'entreprise que les Iesuites auoient fait d'vn College en la ville de Liege, & leur a defendu d'exercer aucune fonction d'Vniuersité dans Douay. Rigueur*, iuge-il, *bien equitable, qui leur fit* QVITTER *la maison qu'ils* VENOIENT *d'establir au Liege*, c'est ce qui monstre sa malice aussi biẽ que tout le reste. Est-il si ignorant de croire que le Liege fust sous la puissance de l'Archiduc ? ou s'il sçait qui en est encor à present, & en estoit lors Seigneur? Comment peut-il dire que l'Archiduc punit l'entreprise des Iesuites, & leur dessein d'establir vn College dans vne ville, & vn pays où il n'auoit rien à voir? Quel amas de fausse-tés ? Apprenez, M[r] le Docteur, que plusieurs années auant le tẽps que vous marquez, les Iesuites *auoient* vn College en la ville de Liege, & que depuis ils ne l'ont *iamais quitté*. La passion vous fait dire le vray & le faux, ce que vous sçaués, & ce que vous ignorés sans distinction. La verité est, qu'ils n'y enseignoient pas lors les classes superieures, comme aussi ne font ils pas, & ne veulent-ils pas faire en beaucoup d'autres Colleges; Mais voyans que quelques esprits broüillons & mutins de Louuain, n'estoient pas pour les laisser ouurir, du moins si tost, en leur Vniuersité lesdites classes, ils delibererent de le faire dans la ville de Liege, auec la permission du Seigneur tẽporel & spirituel de tout le pays. Ce qui alarma si fort Messieurs les Docteurs de ladite Vniuersité de Louuain, laquelle se peuple

peuple en grande partie des escholiers qui s'y rendent de tout le païs Liegeois, à cause de la proximité des lieux, qu'ils ne cesserent d'importuner l'Archiduc, luy exaggerans le tort que cela fairoit à sa ville de Louuain en diminuant l'affluence des escholiers : Iusques à ce que ce bon Prince pria instammenr les Iesuites, qu'ils quittassent leur dessein dans ladite ville de Liege ; ce que manque de droit & d'authorité, il n'eust certes pû leur commander: & les Iesuites ne voulurent pas continuer leur entreprise, quoy que loüable, auec le deplaisir de ce Prince.

Quant à ce que l'Apologiste adiouste touchant l'Vniuersité de Douay, il y a aussi peu de verité qu'en tout le reste ; & s'il eust esté bien aduisé, il se fust bien donné de garde de faire aucune mention de cette Vniuersité, de peur que les Iesuites ne s'en seruissent contre luy. En effect l'an 1624. les ennemis des Iesuites firent imprimer à Paris dans le recueil que i'ay desia souuent cité, vn escrit de l'Vniuersité de Louuain, par lequel elle pretẽd prouuer que, *Non est concedendum Louanij societati vt lectiones eius Theologicæ valeant ad gradus*. Et là ils s'obiectẽt eux mesmes entre autres choses, *Iudiciũ serenissimorum Principum quo societatis lectiones Duaci valent in ordine ad gradus*, & taschent en vain d'y respondre alleguans que, *multum inter vtramque vniuersitatem interest*. Il y a plus, car il est certain que les Iesuites passent eux mesmes Docteurs en ladite Vniuersité de Douay, quand ils s'y presentent. Et de ces deux priuileges, les Iesuites de Clermont ne demandent à

Messieurs de l'Vniuersité de Paris, que le premier pour leurs escholiers, ne pretendans point au dernier pour eux mesmes.

Reste ce qu'il dit de Venise; mais c'est vne noire & infame calomnie d'accuser les Iesuites de conspirations contre cette Republique: C'est à quoy i'ay desia respondu cy dessus; les Heretiques ne manquent pas sur ce subiet de reprocher aux Iesuites leur obeyssance au sainct siege; & tout l'vniuers, qui sçait l'histoire comme elle s'est passée, y respond assés sans que i'en parle dauantage.

RESPONSE AV CHAPITRE TROISIESME.

En ce dernier Chapitre l'Apologiste de l'Vniuersité entreprend de prouuer, *qu'on ne peut vnir le*

College des Iesuites à l'Vniuersité, ou luy accorder ses priuileges, sans la destruire entierement.

AV PREMIER ARTICLE.

Il fait vn denombrement des Vniuersités que l'association des Iesuites à ruinées : *En Alemagne, Ratisbonne, Treues, Maience, Cologne, Ingolstad, Vienne, & Paderbonne, qui ne sont plus occupées que par des Iesuites ; Et quant à la France*, dit-il, *Reims, Bourges, Aix, & Caën, qui les ont associez, n'ont du depuis que peu ou point du tout de reputation.*

1. ℞. Quelles preuues apportez vous, M. l'Apologiste, de ces pretenduës ruines d'Vniuersitez? Car de vouloir qu'on vous croye sur vostre seule parole, vous qui paroissez de si mauuaise foy en tout

le reste. C'est vn peu trop exiger de vos Lecteurs.

2. ℞. Que s'il se trouue quelqu'vne de ces villes d'Allemagne, là où (comme suppose cet Apologiste) il n'y ait plus que les Iesuites seuls qui enseignent, (ce que ie ne croy pas) tant s'en faut que cela prouue ce qu'il pretend, sçauoir, que les Iesuites ruinent les Vniuersités où ils sont receus; que cela sert à establir vne proposition directement contraire, sçauoir, que l'vnion des Iesuites aux Vniuersitez cõtribuë à leur subsistance. Car il ne dit pas, & il ne le peut dire, qu'esdites villes, les Iesuites ayent supprimé les autres Colleges, en chassant ceux qui les tenoient, ou leur interdisant la continuation de la Regence & exercices d'eschole, ce qu'ils n'auroiẽt peu faire quand ils l'auroient vou-

lu; Mais il ſera aduenu que de tous les Profeſſeurs deſdites Vniuerſitez, les Ieſuites ſeuls ſe seront maintenus en leur deuoir, les autres par leur propre faute & negligence deſcheans de leur credit: en ſorte que par la laſcheté de ceux-cy le nom & les droits de l'Vniuerſité auroient eſté eſteints, s'ils n'auoient eſté maintenus & conſeruez par la bonne conduite de ceux-là.

3. ℟. Il ne faut pas douter qu'en effect il n'y ait bien du dechet en toutes ces Vniuerſitez d'Alemagne qu'il nomme, mais deuroit-il pas recognoiſtre que la cauſe ſont les guerres, qui depuis 25. ans deſolent ces miſerables pays, roulans continuellement de prouince en prouince? Enuoyons-le à Baſle, Heidelberg, Magdebourg, & autres Vniuerſitez heretiques, où les

Iesuites n'eurent iamais de Collège, pour voir si elles sont plus florissantes, que celles qu'il nomme.

4. ℟ Quand est des Vniuersités de Reims, Bourges, & Caën, (Aix aura sa responsе à part,) *lesquelles*, dit-il, *n'ont que peu ou point de reputation*, ceux qui en sont les Recteurs & Supposts se leueront en iugement contre luy, & demanderont reparation d'hõneur. Ceux de Bourges, entr'autres protesteront, qu'en vne seule année ils font plus de Maistres és arts, qu'ils n'en faisoient en quinze deuant l'assosiation des Iesuites: Mais l'Apologiste que nous auons enuoyé pourmener en Alemagne, pourra bien aussi faire vn tour par la France, & visiter Valence, Angers, Nantes, & les autres Vniuersités où les Iesuites n'ont pas mesme de College, pour admirer de pres leur esclat &

seruir apres de predicateur, & de trompete à leur reputation.

5. ℞. Ce que vous dites touchant la ville d'Aix, monstre bien que vous n'auez cherché, qu'à grossir vos cajers d'inuectiues & de medisances, & que vostre moindre soin a esté touchant la verité. Vous dites donc, *que l'Vniuersité d'Aix n'a que peu ou point du tout de reputation, depuis qu'elle a ouuert ses escholes aux Iesuites, & leur a accordé ses priuileges.* Ie doute fort si vous sçauez qu'il y aye iamais eu d'Vniuersité à Aix, apprenez ce qui en est.

Henry 4. eriga l'an 1603. en cette ville là vn College, & le fóda en Vniuersité, pour donner moyen à ceux de la Prouince d'y faire leurs estudes, sans estre contraints d'aller chercher des Maistres ailleurs auec de grãds frais. Du depuis l'an 1620.

les quatre Consuls de ladite ville & Procureurs du païs, presenterẽt au Roy cette Requeste signée de leur main : *Que nonobstant leur soin, & de leurs deuanciers à rechercher d'habiles hommes eZ Humanitez & Philosophie, ils auoient recognu si peu d'ordre & de discipline en ladite Vniuersité, & si peu d'auancement en la ieunesse*, (ce sont les propres termes) *que les meilleures familles de la Prouince estoient contraintes de continuer à enuoyer leurs enfants à Lion, Tournon, Auignon, & Carpentras; & ce auec tant de preiudice de ladite ville & Prouince, qu'il en sort*, disent-ils, *plus de cent mille escus chaque année. Pour à quoy remedier & faire fleurir ladite Vniuersité, & y retenir les Escholiers, ils auoient iugé que l'vnique moyen estoit de bailler la direction dudit College aux Peres Jesuites, & supplioient sa Maiesté de l'agreer & ordonner.* Ils obtindrent l'enterinement de leur requeste, & lettres patentes leur en furent expediées le 6. Feurier de l'année suiuante, par lesquelles sa Majesté establit lesdits PP. Iesuites audit lieu & Vniuersité ; *pour les grands fruicts,* dit-elle, *& les progrez qu'ils font à l'endroit de la ieunesse, aux villes & lieux où ils enseignent.* Voila ce qui se passa lors, Monsieur le Docteur ; & depuis on n'a point ouy de plaintes, que les habitans fussent contraints d'enuoier leurs enfants rechercher l'instruction dehors de leur ville, comme ils disent auoir esté deuant l'établissement des Iesuites.

Apres cela escriuez encor & soustenez, *que l'Vniuersité d'Aix n'a que peu ou point du tout de reputation, depuis qu'elle a ouuert ses escholes aux Jesuites?*

AV II. ARTICLE.

Il dit, *Qu'il paroiſt viſiblement, que le plus grand deſſein des Ieſuites eſt la ruine de toutes les Vniuerſités, qu'ils en ont attaqué tout le corps, & chaque partie, ayans obtenu de Gregoire XIII. permiſſion d'enſeigner la Iuriſprudence & Medecine, & aians des bulles meſme pour l'exercer, præter ſectionem & vſtionem*, Ce qui *contreuient manifeſtement aux Canons, Chapitre ſuper ſpecula de magiſtris.*

1. ℞. Les preuues que vous entaſſez de cette conſpiration des Ieſuites à la ruine de l'Vniuerſité, ſont ſi extrauagantes & ridicules, qu'il y a ſuiet de s'eſtonner, que vous n'y aiés adiouſté celle, que vous deuez auoir leu dans vos regiſtres de Sorbonne, dans l'acte de

l'assemblée du premier de Septembre 1610. où Maistre Emond Richer, lors Syndic si ie ne me trompe, haranguant toute la faculté, conclud qu'elle se doit opposer de toute sa puissance à l'ouuerture du College des Iesuites, *Maximè quòd erectio Nouitiatus in suburbiis sancti Germani à pratis ad ruinam certissimam omnium facultatum Academiæ pertineat.*

Auditum admissi risum teneatis amici.

En effet y a-il pas grande apparence, que le dessein des Iesuites en l'establissement qu'ils firent il y a trente-trois ans, d'vn Nouitiat de leur Ordre au fauxbourg S. Germain, estoit de ruiner toutes les facultés de l'Vniuersité de Paris, la Philosophie, Theologie, Medecine, & Iurisprudence? Il y en a autãt à peu prés, qu'en ce que la mesme

Vniuersité representa au Roy en ces temps-là par liures imprimés, Que les Iesuites batissoient vne citadelle au faux-bourg S. Germain, non ia pour ruiner l'Vniuersité, mais pour commander & dominer sur toute sa bonne ville de Paris.

2. ℞. I'auois cru iusques icy, que la fin de la Societé des Iesuites estoit celle, qui est declarée au premier chapitre des Constitutions de leur fondateur S. Ignace. *Finis huius Societatis est, non solùm saluti & perfectioni propriarum animarum cum diuina gratia vacare; sed cum eadem impensè in salutem & perfectionem proximorum incumbere.* Mais voicy vn Docteur qui nous apprend ce que ie n'eusse iamais deuiné, *Que leur plus grand dessein est la ruine de toutes les Vniuersités du monde.* Ie ne sçauois pas

que la ruine des Vniuersités Catholiques, fut vne fin digne & suffisante pour l'establissement d'vn Ordre Religieux dans l'Eglise de Dieu, ainsi que seroit, par exemple, l'extirpation des heresies : Mais ce Docteur illuminé nous apprend ce que tous les siecles passés ont ignoré. Car il est certain que les Iesuites sont vn Ordre en l'Eglise approuué des Papes & du sainct Concile de Trente, Et ce Docteur accordera possible, que cet Ordre peut auoir quelques autres menus desseins, tels que seroient de combattre les vices, l'ignorance, & l'heresie; d'amplifier la gloire de Dieu, d'estendre le Roiaume de Iesus-Christ, de sauuer & perfectionner les ames, de donner sa vie & respandre son sang pour la foy, comme ont fait en cent ans plus de trois cents de cette Societé, d'annoncer l'Euangile aux infidelles, comme ont fait plusieurs milliers, Mais pour ce qui est *de leur principal & plus grand dessein*, il asseure, & veut estre creu, qu'il n'est point autre, *que de ruiner des Vniuersités*. Est-il donc possible que cette folle pensée ait trouué place dans la teste d'vn Docteur? Quoy? que le plus grand dessein de tant de gens de bien, & de tant de personnes Religieuses & consacrées à Dieu, soit de ruiner l'Vniuersité de Paris! Et qu'ils n'aient quitté pere & mere, biens, heritages, honneurs, charges, plaisirs & esperances de la vie, que pour cette fin?

Ie ne sçache rien qui puisse auoir donné entrée à cette si extrauagante imagination de ce Docteur, sinon la science qu'il a des conspirations formées par quelques-vns de ſon parti, & pluſieurs fois renouuellées, de perdre & exterminer entierement les Ieſuites. Les deſſeins en ont eſté charitablemẽt pris entre quelques Recteurs & ſuppoſts de l'Vniuerſité, & les deliberations concertées ſignament aux Mathurins pluſieurs fois: les actes en paroiſſent imprimés par ceux meſme, qui en ont eſté les autheurs & promoteurs, tant ils ont eu peu de honte. L'Vniuerſité de Paris dans le cahier de ſes remonſtrances au Roy, l'an 1614. a fait inſtance vers ſa Maieſté, qu'il luy plût condamner & fermer tous les Colleges des Ieſuites en France, ne permettant pas ſeulement d'enſeigner à lire, ni de monſtrer le rudiment, ſinon à ceux *qui d'ancienneté ſont fondés en priuilege de ce faire*, pour exclurre les Ieſuites, & leur interdire meſme cette derniere

fonction

fonction, qu'on permet aux femmes & à tous les cuiſtres de colleges. Ils ne rougirent pas de demander meſme, quoy que couuertement, que les Ieſuites fuſſent derechef chaſſés de la France, ſuplians ſa Maieſté de pouruoir aux grands inconueniens, qu'ils pretendent deuoir naiſtre, de ce que les Ieſuites y ſont tolerés, & de les *preuenir par l'expedient, qui affermira*, diſent-ils, *ſon authorité, & aſſeurera le repos de ſes ſuiets.*

Mais écoutons les termes de la charitable requeſte preſentée autrefois à la Cour, par Maiſtre Iaques d'Amboiſe, aſſiſté à ce qu'il dit, de pluſieurs Doiens, Docteurs, & Supposts, au nom meſme de toute l'Vniuerſité, dont il eſtoit Recteur. *Supplient tres-humblement les Recteur, Doiens, & Facultés, Procureurs des Nations, Suppoſts & Eſcho-*

ſiers de l'Vniuerſité de Paris &c. Qu'il plaiſe à la Cour ordonner que la ſecte, qui prend la qualité ambitieuſe de Societé du nom de Ieſus, ſera exterminée non ſeulement de l'Vniuerſité, mais auſſi de tout le Roiaume de France. Voila ce crois-je, non pas des prognoſtiques & des conie-ctures chimeriques, mais des preu-ues tuantes du grand deſſein de quelques Meſſieurs de l'Vniuerſité, qui eſt d'exterminer les Ieſuites de la France, & s'ils pouuoient de tout le monde. Il n'a donc pas eſté ſi difficile, qu'on eut penſé, que ces Meſſieurs iugeans des autres par eux meſme, s'imaginaſſent que les Peres de la Societé, tout Religieux qu'ils ſont, fuſſent aſſez meſchans & aſſez depourueus de la crainte de Dieu, pour entreprendre par deſſein formé la ruine de leur Vniuerſité.

3. R. L'Anticoton, les heretiques, & les aduocats de quelques Recteurs de l'Vniuersité, n'ont pas esté de vostre aduis. Le plus grand dessein des Iesuites, à leur dire, n'estoit pas de ruiner les Vniuersités de tout le monde; mais d'estáblir la Monarchie d'Espagne par tout le monde. Si ce n'est que vous pretendiez vous accorder auec ces anciens ennemis, non moins de la foy & de la vertu, que des Iesuites, au moyen du beau titre que vous auez mis ces iours passés en teste de la Requeste, que lesdits Iesuites ont presenté au Roy & à son Conseil, pour faire receuoir leurs escholiers aux dégrez: Et puis que ie voy qu'il vous a pleu si fort, que de le faire imprimer, ie croy que ie vous feray plaisir de le rapporter icy. *Requeste presentée par les Iesuites le 11. de Mars 1643. par laquelle ils*

renouuellent leur entreprise de DESTRVIRE L'VNIVERSITÉ DE PARIS, *pour en composer vne autre à leur mode, à l'effet d'establir* LEVRS MONARCHIES IMAGINAIRES, *au grand preiudice de l'Eglise & de l'Estat.*

Certainement il pourroit bien estre, que crainte de rupture, vous vous seriez aduisé de cet expediét, de ioindre en vne seule periode ces deux si differentes impostures & calomnies, *Que les Iesuites n'ont point de plus grand dessein que de ruiner l'Vniuersité de Paris, pour establir la Monarchie Espagnolle.* C'est possible ce dont vous auez pretendu les charger par ces mots *de dominations absoluës, & d'vsurpations de souueraineté*, que vous emploiez souuent contr'eux en vostre libelle. Mais comment s'accorderoit cela auec ce que le Recteur de l'Vniuersité a escrit depuis peu contre les mesmes Iesuites ? les taxant au-pres de nostre S. Pere le Pape de s'estre adressés au Roy, sur le refus que luy Recteur a fait à leurs Escholiers de les receuoir aux degrés, & leur reprochant dans les lettres qu'il a enuoié sur ce suiet à sa Saincteté, au nom de l'Vniuersité en corps, que *Iesuitis in animo aliud nihil est, quàm sæcularem gratiam impensius demereri, & eius dominationis* (ce ne peut estre autre que celle de nostre Roy tres-Chrestièn, à qui les Iesuites se sont addressés) *sibi obstringere fauorem, cuius protegenda iura* mesme *contra Ecclesiasticã dignitatẽ nõ obscurè suscepisse videntur* ? Tout cela ne s'accorde pas bien ensemble, & cepẽdant ie ne veux pas croire, qu'il y ait manque d'intelligence entre vous & vostre Recteur : C'est pourquoy i'aime mieux penser qu'accusant ainsi les Iesuites de vouloir ruiner l'Vniuersité, à celle fin d'établir des *Monarchies imaginaires* , & les taxant d'aspirer à *des dominations absoluës , & vsurpation de souueraineté* , vous auez voulu preuenir ceux, de qui vous auiez grand suiet de craindre ce mesme blasme, & ce reproche, qu'ils vous pouuoient faire sans imposture. Car en effet, quand l'Vniuersité refusa à ces quatre Messieurs Escholiers des Iesuites , l'examen qu'ils demandoient à subir, pour en suitte estre receus Maistres ez arts, il n'y auoit pas plus de quinze iours que vostre Recteur se trouuant en vne tres-honorable assemblée , y auoit tranché *du Souuerain*, & entrepris d'establir l'Vniuersité *en Monarchie imaginaire*. Ce fut dans le College du Plessis, à l'Acte de Monsieur l'Abbé de Barbeaux, les Theſes eſtans dediées à Monſieur le Surintendant, lequel y aſſiſta. Là en preſence de plus de trois cents teſmoins, ledit Recteur prenant ſon papier en main & le liſant (pour marque qu'il y auoit du deſſein, & que c'eſtoit vn affaire concerté auparauant à la Chambre entre ſes Suppoſts, n'eſtant pas croiable qu'vn Recteur de l'Vniuerſité de Paris, laquelle ſuiuant l'article 6. de voſtre Chapitre 2. fourmille *d'habiles hommes & de perſonnes rares*, ait ſi peu de ſuffiſance, qu'il ne puiſſe ſans preparation dire vne douzaine de lignes en mauuais Latin, ou du moins qu'il ne les puiſſe apprendre par cœur, s'y eſtant preparé à loiſir) reprocha audit ſieur Abbé, qu'il auoit eſtudié quelque temps ſous les Ieſuites, Que ce ſcandale l'auoit rendu indigne de la dignité de Maiſtre ez arts, Que neantmoins l'Vniuersité luy faisoit grace, flechie par les treshumbles prieres & supplications que Monsieur son pere luy en auoit faict, Qu'il apprit au reste que *hunc honorem si recusasset Academia, nullus erat in toto Regno ad quem posset prouocare : habet enim Academia summum ius & imperium in causa literarum.* Tout beau Monsieur le *Recteur*, ce sont là d'estranges paroles, pour estre dites en si bóne compagnie. Que le Recteur de l'Vniuersité est *Souuerain*? Qu'il est le *Monarque in caussa literarum*? Quelle insolence de croire qu'il ne releue que de Dieu? Quel excés d'ingratitude, de ne sçauoir pas, ou de renier celuy dőt il tient toute sa puissance, & à qui il en est redeuable? Quoy? qu'il n'y ait point d'Appel de sa sentence, non pas mesme au Roy? & que sa Maiesté n'ait ny droit ny pouuoir d'obliger ſon valet de chambre, à receuoir au degré de Maiſtre ez arts vn Marquis ? à qui la capacité ne manque point ? qui a meſme eſtudié en Philoſophie dans l'Vniuerſité, & qui n'eſt preuenu d'aucun autre crime, ſinon que, *Aliquandiu ſub Ieſuitis meruit*? Qu'eſt-ce donc d'eſtre effrontement impudent, ſi cela ne l'eſt ? & de violer & outrager ainſi l'authorité de nos Rois, quel crime eſt-ce ? s'il n'eſt de leze Maieſté ? & qui le croiroit, qu'vn tel attentat faict au cœur de la France, dans Paris, en preſence de trois cents teſmoins, par vn ſuiet du Roy, par vn Recteur de l'Vniuerſité de Paris, eſtablie & fõdée par nos Roys, demeurat impuni?

4. ℞. En bonne foy n'auez vous point apporté d'autre raiſon que celle-là, pour animer quelques ieunes Docteurs de medecine, à faire vn nouueau decret con-

tre les Iesuites, & s'oublier de celuy tout contraire que leurs peres & ancestres firent si sagement l'an 1610. le premier de Septembre? Lors qu'estans sollicités par Maistre Estienne du Puis Recteur de l'Vniuersité, de s'opposer à l'ouuerture du College de Clermont dans ladite Vniuersité de Paris, les facultés de Theologie & de droit Canon, aians decreté le 23. du mois d'Aoust precedent, nonobstant toutes les menées & pratiques du Docteur Richer, qu'il ne s'y falloit point opposer, pourueu que les Iesuites se soumissent au Recteur & aux loix de l'Vniuersité, Eux non contents de decreter absolument & sans condition, qu'il n'y falloit faire aucune opposition, declarerent de plus. *Venerabiles Patres Iesuitas pro bono publico, & præsertim pro Academia Parisiensi augenda,* (marqués ces paroles, Monsieur

Apologiste) *admittendos: nec intercedendum Regis edicto, sed parendum; imo prædictis Patribus fauendum, & eos omnibus conatibus esse iuuandos.* Et le Recteur ayant ce nonobstant formé opposition à l'enterinemẽt des dites lettres, au nom de toute l'Vniuersité, ladite faculté de Medecine presenta requeste au Parlement, dans laquelle confirmant son decret du premier Septembre, elle declare l'auoir faict, tant pour l'interest public, que *pour le particulier de l'Vniuersité de Paris.* Se plaignans au reste de l'entreprise dudit Recteur, & demandans d'estre receus partie interuenante, pour consentir, entant qu'en eux estoit, l'enterinement desdites lettres.

Si vous n'aués porté ces ieunes Docteurs en l'absence des anciens, qui auoient cognoissance de cet illuſtre Decret, que ie viens de citer, à depeſcher le nouueau, que ſur cette apprehenſion; que les Ieſuites empietaſſent leurs Eſcholes, & leur profeſſion; il y a grande apparence qu'eſtans deſabuſez, ils puniront voſtre impoſture comme elle merite, & s'aſſembleront pour faire vn troiſieſme Decret, dans lequel la poſterité verra voſtre nom fleſtri d'vn opprobre eternel.

5. ℞. Impoſteur que vous eſtes encor vn coup, iamais les Ieſuites n'ont eu, & iamais ils n'ont demandé pouuoir d'enſeigner la Iuriſprudence, ny la Medecine : & quand on leur permettroit, ou qu'on les en priroit, il n'y a conſideration au monde, qui les y peuſt faire conſentir, cela eſt contraire à leur profeſſion: Comment le pouuez vous ignorer? vous qui l'an

1624. fites imprimer vne des Requestes, que les Iesuites auoient presenté à l'Vniuersité le siecle passé, dans laquelle se lisent ces mots, *Declaramus nobis non licere Medicinam, Jurisprudentiam, aut eam Canonum partem, quæ versatur in foro cōtentioso* PROFITERI? Vous qui la mesme année fites imprimer, en deux diuers endroits d'vn mesme liure, ces paroles tirées de leurs Cóstitutions, Partie 4. ch 12. *Medicinæ & legum studium, vt à nostro instituto magis remotum, in Vniuersitatibus Societatis, vel non tractabitur, vel saltem ipsa Societas per se, id oneris non suscipiet.* Vous, disie, qui lors citiés ce Canon, pour prouuer que les Iesuites sont incapables & indignes d'auoir des Vniuersitez, *pource*, disiez-vous, *que cela seroit contraire & preiudiciable à la perfection des sciences, veu que les Iesuites reduisent leurs pretenduës Vniuersitez à trois facultés, & ne veulent pas qu'il y soit traicté de la Medecine, & des Loix, à tout le moins que la Societé en soit chargée.* Ce sont les paroles de vos inuectiues de ce teps-là, & vous en faites maintenant d'autres tout contraires, mais plus fausses, forgeant, supposant & falsifiant des Bulles comme il vous plaist.

On void bien que c'est de vostre boutique qu'est sortie cete autre, dont on a veu le titre, qui vous a rendu ridicules, affiché par les carrefours de l'Vniuersité en mesme temps que vostre libelle parut, par laquelle dites-vous, *le Pape d'auiourd'huy defend aux Iesuites de trafiquer en Espiceries*; & vous adioustés, *qu'on en vend des copies prez de la ruë Montorgueil chez Baise Trou, à l'enseigne du Chiedent.* Ce sont vos belles enseignes, & qu'on trouue bien dignes de vous; Mais on s'estonne que vous n'ayez aussi forgé vn Arrrest du Parlement contre les Iesuites, pour les chasser de la France, comme ayans trafiqué de bleds en Espagne; & que vous vous soyez contentez de semer le bruict, & faire croire au peuple susceptible de toutes impressions, pour perdre les Iesuites, qu'ils sont cause de l'enchere du bled, & qu'il y en a desia pour ce subiet 15. ou 20. de prisonniers en la Bastille. Il n'y a pas moins de verité en cela qu'en vostre imposture, touchant le pouuoir qu'ont les Iesuites d'enseigner la Medecine, & la Iurisprudence, & qu'il y en a mesme en la citation que vous alleguës, pour prouuer que lesdits Iesuites secourás vn malade en quelque occasion que ce soit, pechent contre les Canons: Car le chapitre

Depuis qué cecy a esté composé, le Parlement en a fait vn tout cōtraire, qui descharge entieremét les Iesuites de cete calomnie.

Super ſpecula de Magiſtris, que ſeul vo⁹ cités, ne dit riẽ qui ſoit de tout cela, & ce qui eſt eſtrange pour l'allegation d'vn Docteur, ne traicte pas meſme de ce ſubiect. & neantmoins auec l'impudence qui vous eſt familiere, non content d'vn ſimple menſonge, vous adiouſtez vos amplificatiõs ordinaires d'aduerbes diſant, que les Ieſuites *contreuiennent manifeſtement aux Canons en ce Chapitre*. Et moy ie vous dis auec ſcience & verité, que vous n'auez rien écrit dans les trois chapitres de voſtre liure, iuſques à vne miſerable citation, qui ne ſoit contre la verité & la charité, & partant ne *contreuienne manifeſtement aux Canons*.

6. ℟. Ce qui eſt donc de la verité ſur ce ſuiet de pratiquer la Medecine eſt, que les Ieſuites ont eu par Bulle de Gregoire 13. permiſ-

ſion

ſion *ad iuuandas animas*, d'ayder auſſi les corps des malades au moiẽ de cette ſcience, lors qu'il ſe rencontreroit parmy eux quelqu'vn qui l'auroit appris. La permiſſion eſt de les aſsiſter en tout, *præter aduſtionem & inciſionem*, comme vous dites, mais ſeulement, *in regionibus Medicorum penuria laborantibus*, ce que vous ne dites pas, *& quando Medici ſæculares haberi non poſſunt*: c'eſt à dire aux Indes & à l'Amerique. Paroles de la Bulle que vous obmettez malicieuſement, pour picquer Meſſieurs de la Faculté de Paris, abuſant ainſi de leur credulité. Miſerable, auec quelle conſcience eſtes vous deſcendu à reprocher aux Ieſuites ces œuures de charité ſur des perſonnes abandonnées de tout ſecours? Ne ſçauez vous pas que, ſans auoir de Bulles, tout homme de bien non seulemēt peut en tel cas, mais en quelque façon doit cette assistance à son prochain ? & que les Iesuites n'en peuuent auoir demandé la permission, que pour plus grande seureté & precaution, contre les anxietés de quelques ames scrupuleuses? Comme ils ont fait celles de dire l'Office de chaque iour dés le soir precedent: De postposer l'Office à la Messe: Se trouuans és pays & terres d'infideles & heretiques, de pouuoir demander, acheter, & receuoir de leurs mains des viures, & tout ce ce qui est necessaire à la vie : Et autres choses semblables ?

AV III. ARTICLE.

Il dit, *Que ce dessein, que l'ambition des Iesuites a proietté contre toutes les Vniuersitez de l'Europe, s'acheuera ſans difficulté touchant celle de Paris. Voicy ſes raiſons.*

Premierement, *Ils enſeignent gratuitement.*

1. ℞. Vous n'accorderiés pas cette loüange aux Ieſuites, ſi ce n'eſtoit à mauuaiſe fin, vous eſtes ſemblables aux araignées qui tirent leur poiſon des plus belles fleurs; Mais au moins ſouuenés vous de ce que vous deplorés ſi fort en d'autres endroits de voſtre libelle, que pluſieurs bons eſprits ne peuuent, à cauſe de leur indigence, ſe pouſſer dans les lettres, car que pouuoit-on faire pour eux plus à propos que d'enſeigner gratuitement?

2. ℞. Mais ſur tout qu'il vous ſouuienne M. l'Apologiſte de ce dont il s'agit entre vous & les Ieſuites. Car il n'eſt queſtion que de faire receuoir les degrez de Philoſophie & Theologie à leurs eſcho-

liers quand ils en ſeront trouuez capables; Or eſt-il que la Sorbõne enſeigne non moins gratuitement que les Ieſuites, & quand à la Philoſophie, pluſieurs Regents de l'Vniuerſité font bien pis, car ils donnent de l'argent aux eſcholiers pour les aller entendre, & vous ſçauez bien que ie dis verité.

3. R. Quand il ſeroit queſtion auſſi bien des letres humaines, que des facultez ſuperieures, encore cette obſeruation ne ſetoit-elle d'aucune conſequence; veu que ſi les Profeſſeurs ſeculiers ſurpaſſoiẽt les Ieſuites en la maniere de bien enſeigner, (comme ils le peuuent faire) les peres de familles ne perdroient pas cet aduantage des meilleurs Maiſtres, pour la crainte du peu de deſpenſe, que chaque particulier fait au payement de leurs ſalaires: Et en effect nonob-

ſtant cette deſpenſe pluſieurs eſtudient maintenanr dans les Colleges de l'Vniuerſité, qui ne pretendent ny lettres de ſcholarité, ny aucun degré de Maiſtre és Arts, & de Docteur, leſquels par conſequent n'y eſtudiroient pas moins, quoy que les Ieſuites vinſſent à eſtre incorporés dans l'Vniuerſité.

4. ℞. Quand les Ieſuites ſeroient vnis à l'Vniuerſité, & que cette conſideration de ce qu'ils enſeignent gratuitement, leur ameneroit quelque nombre de pauures eſcholiers plus qu'ils n'en ont; Ce dechet pretendu par Meſſieurs de l'Vniuerſité, ne ſeroit-il pas bien recompenſé par les emoluments, qu'ils receuroient à la promotion de tous les eſcholiers des Ieſuites, leſquels prendroient chez eux des lettres & des degrés?

Secondement il parle de *l'œco-*

nomie des Iesuites, de leurs freres lays qui vont au marché, & s'emploient à l'achapt des prouisions, du grand nombre de pensionnaires qu'ils ont, &c.

Resp. Il est vray que sans vne bõne œconomie ils ne pourroient suffire à entretenir leurs pensionnaires en ce temps que tout est si cher, encore faut-il qu'ils empruntent de l'argent pour les nourrir, & si l'Apologiste estoit assés honneste homme pour auoir accés chez les personnes de merite, il pourroit apprendre d'vn President au Mortier, que le College de Clermont a pris de luy par contract pour ce seul effet depuis deux ans 15. mille liures, dont il luy paye l'interest au denier 20. Mais à qui en veut ce Docteur de se prendre ainsi au frere achepteur des Iesuites? seroit-ce point qu'il se sentoit picqué de son valet, pour luy auoir ferré la mule?

comme ſi les Ieſuites en pouuoient mais?

Troiſiémement, *les Ieſuites ont mille amorces pour attirer les eſcholiers.*

1. ℟. Que vous cognoiſſés mal les Ieſuites, & l'eſtat de leur College: informez-vous en, & vous apprendrez qu'ils ſont en peine de refuſer ceux qui ſe preſentent encore apres que les Claſſes & les Chambres des penſionnaires ſont remplies, bien loin de ſe ſeruir d'amorces pour les attirer.

2. ℟ Vous leur attribués ce que tout le monde ſçait eſtre le propre de pluſieurs Profeſſeurs en Philoſophie de l'Vniuerſité, qui s'inſtruiſent de lõgue main des noms, qualités, parentés, habitudes, & aliances des Rhetoriciens de Clermont, pour trouuer quelque bout, par où il les puiſſent attrapper, & tirer chez eux; car c'eſt à qui en au-

ra, pour apres en faire parade dans quelques actes publics, nommément pour en auoir quelqu'vn, qui soustienne en Grec. A-t'on pas oui dire à vn de vos plus celebres Philosophes, qui contoit lors 300. Logiciens en sa Classe, qu'il n'en trouuoit pas vn, qui sceut parler ny Latin, ny Grec, que ceux qui auoient estudié sous les Iesuites?

3. ℞. Demandés à ceux des Parens qui ayment mieux confier leurs enfans aux Iesuites, que les mettre ailleurs, pourquoy ils en vsent ainsi, & vous apprendrés d'autres amorces qui attirent les escholiers chez les Iesuites, dont vous n'aués garde de faire mētion dans vostre libelle : souffrés au moins, qu'on vous dise, que le veritable credit procede de la plus grande reputation, & de la meilleure methode d'enseigner.

4. ℟. Dire que ceux, dont les Claſſes regorgent d'eſcholiers, ont mille amorces pour les attirer, leſquelles manquent aux autres; c'eſt dire par meſme raiſon, que les Predicateurs qui ont eſté bien ſuiuis ce careſme, auoient mille amorces pour attirer la foule des auditeurs, & obliger leurs voiſins en deſpit qu'ils en euſſent de preſcher aux deſerts.

5. ℟. Mais quelles ſont ces pretenduës amorces qui ne mãquent point aux Ieſuites? *Les Grands*, dit-il, *ſe lairront aiſement aller par l'aſſiſtance qu'ils peuuent leur rendre en Cour, & les petits ſe rendront à l'eſperance* DES CONDITIONS *qu'ils peuuent leur procurer.* Quãd aux Grãds ils ſont pluſtoſt pour donner protection aux Ieſuites, que pour la receuoir d'eux: & quand aux petits, nous verrons tout à cette heu-

re en l'article 7. que l'Apologiste accusera les Iesuites *de les frustrer, &* *leur rauir* LES CONDITIONS, *par lesquelles ils se pourroient*, dit-il, *auancer dās les lettres*: Il y a autant de verité en l'vn qu'en l'autre. Cela est-il pas ridicule de dire, que les Iesuites iront à la queste des conditiōs, emploiront leur credit en Cour, & prendront mille soins & mille peines, au seul prix d'en auoir encor de plus grandes, en amassant des enfants, de l'instruction desquels ils se chargent, instruction que l'Apologiste appelle luy mesme au 3. article de son chapitre premier, *exercice penible*? Y a-il apparence que ce qui meriteroit recōpense de la part des escholiers, soit neantmoins à l'esgard des Iesuites, vne obligation si puissante, qu'en reuanche ils se doiuent charger de procurer l'aduancemēt des Riches

& des Pauures, des Grands & des Petits?

Quand à ce que vous taxés en ce mesme article les Iesuites d'ambition, ie ne vous feray point d'autre response M. l'Apologiste, que celle du feu Roy Henry le Grand au President de Harley, qui sans cognoistre les Iesuites, les auoit en sa remonstrance taxés de ce mesme vice. *Ie ne sçay*, repliqua ce grand & iudicieux Monarque, *comment vous trouuez ambitieux ceux, qui refusent les dignitez & les prelatures, & qui font vœu de n'y point aspirer.*

Dupleix en la vie de Henry IV.

AV IV. ARTICLE.

Il dit, continuant ses predictions, apres s'estre vanté en parenthese, *Que la faculté de Theologie succombera sous l'effort des Iesui-*

tes, pource qu'estant composée de Seculiers & de Reguliers, entre lesquels les Iesuites sont metoyens, tenans quelque chose des deux, & n'estants a VRAY DIRE *ny l'vn ny l'autre, ils se seruiront de ce qu'ils auront de commun auec tous les deux pour les attirer.*

1. R. Que les Iesuites ne soient point Religieux, c'est vne calomnie contre laquelle il y a excommunication des Papes *latæ sententiæ, & sub pœnis inhabilitatis ad quæuis officia, & beneficia eo ipso absque alia declaratione incurrẽdis*, desquelles l'absolution mesme est interdite à toutes les puissãces inferieures, & reseruée vniquement au S. Siege. Mais ce Docteur ne tient pas plus de conte des excommunications des Papes, & de l'authorité du Concile de Trente, qui confirme l'Ordre des Iesuites, en titre de Religion de Clercs Regu-

Gregor. 13. Bullâ ascẽdente Domino.

Gregor. 14. Bullâ Ecclesiæ Catholicę, &c.

liers, que des Arrests du Roy, & de son Conseil, qui commandent que les escholiers des Iesuites soiēt receus aux degrés, comme les autres de l'Vniuersité.

2. ℞. Si les Iesuites ne sont A VRAY DIRE ny Seculiers, ny Religieux, M. Apologiste, il s'ensuit A DIRE VRAY, qu'ils n'ont rien de commun ny auec les vns, ny auec les autres, au moyen dequoy ils les puissent attirer.

3. ℞. Vous ne dites pas, que si les Iesuites estoient vnis à l'Vniuersité, il en reuiendroit vn grand profit à quelques Professeurs en Theologie & Philosophie de ladite Vniuersité; sçauoir qu'ils auroient encor moins de honte qu'ils n'ont, de se seruir & dicter les escrits de Philosophie & Theologie composés par les Iesuites, qui lors seroient de leur corps; & qui neantmoins,

chantés vous en voſtre parẽtheſe, *auroient grand tort de diſputer à l'Vniuerſité la preeminence de ces facultés.*

AV V. ARTICLE.

Il dit que les Ieſuites eſtans vnis à l'Vniuerſité, *corrompront les ſentinelles publiques, qui ſont les Principaux des Colleges*, adiouſtant, *qu'ils deſirent eſteindre le grand nombre de* Colleges *de l'Vniuerſité, pour venir plus aiſement à bout de ceux qui reſteront.*

1. ℞. Il ne s'agit pas d'autre vnion, que de receuoir les eſcholiers des Ieſuites aux degrés en eſtans trouués capables, & cela eſt-ce choſe qui doiue ſeruir à corrompre des ſentinelles? Au contraire vos iniuſtes decrets qui les ont exclus, ont eſté veritablement cauſes, qu'on a

bien souuent corrompu les sentinelles publiques de l'Vniuersité. Combien y a-il eu de ceux, qui auoient fait leurs estudes sous les Iesuites, qui ont esté receus aux degrez à force d'argent? & qui n'ayãs point esté sous les Professeurs de l'Vniuersité, y ont enuoyé leurs bourses, pour tenir leur place, & ainsi ont-ils esté en fin passés Maistres?

2. ℟. Si pour estre du corps de l'Vniuersité on corromp les sentinelles publiques, les Supposts de chaque College se corrompent les vns les autres.

3. ℟. Que les Iesuites desirent esteindre le grand nombre de Colleges de l'Vuiuersité, imposture & calomnie. Bien est-il vray que de grands personnages, & qui estoiẽt veritablement les sentinelles publiques de l'Estat, ont iugé il y a

long temps, qu'il estoit à propos de reduire l'Vniuersité à 5. ou 6. grands Colleges bien fondez, rentés & peuplés : mais ce n'est pas de quoy les Iesuites se meslent.

4. Rt. Si les Iesuites demandoiẽt, comme vous leur voulez faire à croire, d'estre vnis & incorporez à l'Vniuesité, & par consequent s'y soumettoient, & à Mr le Recteur, ce seroit mettre leur College entre les mains de ladite Vniuersité, bien loin de la destruire, & de vouloir enuahir les autres à sa ruine.

AV VI. ARTICLE.

Il dit, *Que les Iesuites pour s'introduire autresfois en l'Vniuersité*, FIRENT MINE *de promettre, de ne prendre aucun College hors de Paris.*

Resp. Autre imposture à son ordinaire, ils en prirent en mesme temps tẽps que celui de Paris deux autres, l'vn à Billon, & l'autre à Mauriac en Auuergne, & tous trois de la liberalité du mesme Fondateur il y a plus de 80. ans, & n'y a pas d'apparence que l'Apologiste fust lors en âge de prẽdre garde A LA MINE QVE FAISOIENT LES IESVITES.

EN CE MESME ARTICLE IL DIT,

Premierement, Que les Iesuites *n'ont point de raison, d'auoir ainsi pris depuis ce temps là, mesme contre leur promesse trente colleges, puisque personne n'ignore, qu'ils n'ont pas suffisamment du monde pour les remplir.*

1. ℞. Il s'est trompé en son calcul, ils en ont receu depuis ce temps-là en tout le Royaume plus de 50. mais presque en pas vne ville, où il n'y en eut dés auparauant.

2. R. Si vous cognoissiés le Prouincial des Iesuites, vous pourriés sçauoir de luy, que sa peine est à trouuer des emplois, & des chambres ou loger les Iesuites, qu'il a sous sa charge, & non à trouuer des personnes pour remplir les Colleges. En effect les Iesuites ont si peu de monde, que de la seule Prouince de Paris ils ont enuoyé depuis peu de temps 30. ou 40. ouuriers tous gens de merite à Constantinople, à la Martinique, & en Canada, & cela c'est ce que *personne n'ignore*, sinon ce Docteur.

Secondement, *Que 400. pensionnaires sont trop peu pour l'auidité des Iesuites : Ils ne s'arrestent pas*, dit-il, *au* College *de Marmoutier, qu'ils viennent de nous arracher d'entre les mains:* Ceux *du Mans, des Cholets & du Plessis ont souffert trois ou quatre fois la violence de leurs entreprises.*

Ils ont voulu achepter par vn estrange commerce les marques de pieté de nos Ancestres.

1. R. On ne peut vous auoir arraché des mains Marmoutier, que vous ne l'eussiez desrobé, car il ne fut iamais à vous; C'est ce que vous respondit feu Monsieur le Cardinal de Richelieu, quand vous luy en allastes faire plainte, comment l'auez vous oublié si tost?

2. R. Vous prouuez que les Iesuites ne s'arrestent pas au College de Marmoutier, parce qu'ils ont entrepris trois ou quatre fois sur ceux du Mans, du Plessis, & des Choletz, la preuue est impertinente; Car pour luy donner de la force, il faudroit que les Iesuites eussent entrepris quelque chose sur ces autres Colleges, non auant qu'ils eussent Marmoutier, mais apres, c'est à dire depuis vn an, ce

que vous ne direz pas.

3. R. Vous mettrez tantost le nombre des escholiers de l'Vniuersité à six mil, si vous ne le sçauez pas mieux, que celuy des pensionnaires de Clermont, vous estes bien temeraire de parler ainsi definitiuement des choses, que vous ne cognoissez qu'à perte de veuë. Au reste croyez que les Iesuites, bien loing d'auoir de la conuoitise pour vn plus grand nombre de pensionnaires, n'ont pris cette charge qu'auec grande repugnance; & ne la retiennent que par apprehension de desobliger le public, & ceux à qui ils doiuent tout seruice. Sçachez qu'ils ne demanderoient pas mieux que d'en estre deliurez, pourueu que ce fust sans blasme, & sans offense de personne. Apprenez que leur Congregation quatriesme au decret 13. qui se voit imprimé, le tes-

moigne aſſez par ces mots. *Iudicatum fuit à Congregatione valde optandum eſſe, vt ſocietas quoad eius fieri poterit eiuſmodi oneribus liberetur.* Et en effect là où ils l'ont peu, ſans offenſer les villes, qui les auoient receu, ils s'en ſont deſchargés, comme en Auignon, à Cologne, Tournon, Tholoze, Lyon, & autres endroits, quoy qu'en ces deux derniers ils ayent eſté contraints de les reprendre par ceux, qui ne les y auroient pas obligés, s'ils auoient eu auſſi mauuaiſe opinion des Ieſuites que vous. A Bordeaux, & en pluſieurs autres bonnes villes on ne les iamais ſceu faire condeſcendre à en receuoir.

4. ℞. Iamais les Ieſuites n'ont taſché d'auoir le College du Pleſſis, c'eſt vn menſonge de le dire, & c'eſt en quoy vous eſtes paſſé Maiſtre.

Pour celuy des Cholets, il y a 20. ans que les Iesuites prierent ces Messieurs de leur vouloir loüer vne chambre attenante du College de Clermont, pour seruir ausdits Peres d'infirmerie, dont ils manquent encor à present, & vn deux repliqua par rodomontade, demandant si les Iesuites vouloiẽt vẽdre leur College tout entier? Depuis, il y a six ans que les Docteurs dudit College, estans en peine de bastir pour se couurir des pensionnaires de Clermõt, proposerẽt aux Iesuites par vn honneste hõme de leurs amis encor viuant, s'ils vouloient achepter quelques toises de leur College dans l'endroit, où il y auoit plus de suietion ausdits pensionnaires, & n'ayans peu conuenir du prix, le marché fut rompu, voila tout ce qui touche les Cholets.

Quand au Mans, il eſt vray que les Ieſuites ont taſché de l'auoir, & s'il n'y auoit point d'enuie au monde, ils en ſeroient en poſſeſſion long-temps y a: Autant qu'il eſt inutile à l'Vniuerſité, autant leur ſeroit il neceſſaire, pour loger, non les eſcholiers & penſionaires, la ſituation meſme ne le permettroit pas, mais les perſonnes que l'Apologiſte vient de dire manquer au Ieſuites, iuſques-là qu'ils n'en ont pas aſſez, ſi on le croit, pour remplir leur College. Mais quand les Ieſuites auroient le Mans, ou quelqu'autre College ſemblable de l'Vniuerſité, & qu'ils l'emploiroient pour les eſcholiers, quel tort auroient-ils de faire ſeruir aux fonctions de la meſme Vniuerſité, vne place qui luy eſtoit inutile?

5. R. Ce declamateur qui crie

si fort, *que c'est vn estrange commerce celuy par lequel les Iesuites ont voulu achepter les marques de pieté de nos ancestres*, d'où vient qu'il n'a sonné mot en l'achapt du College de dixhuict? ny mesme en la ruine & demolissement qui s'en est fait, pour accommoder la maison de Sorbonne? & si c'estoit vn estrange commerce d'achepter des maisons, qui sont les marques de pieté de nos ancestres, & les faire seruir à loger des Religieux, que seroit-ce de les demolir pour faire des iardins?

Ie passe sous silence auec luy le tort faict à l'Vniuersité, & l'incommodité que le public receura de la ruë des poirées, qu'ils luy vôt oster, si la iustice n'y met la main: ruë tres-necessaire aux passants, & nommement aux enfans & petits escholiers de Clermont, pour se ſauuer des rouës & des embarras de la ruë S. Iaques, quand ils ſortent en foule dudit College. Si les Ieſuites faiſoient de ſemblables entrepriſes au preiudice de l'Vniuerſité, on verroit bien-toſt des ſeditions eſleuées contr'eux, par les harangues de ce Declamateur, & les damnables pratiques de ſes conſors.

6. ℞. Si auoir achepté Marmoutier, auquel lieu n'eſtoit, & n'auoit iamais eſté, & ne deuoit iamais eſtre aucun exercice, c'eſt ruiner l'Vniuerſité; d'auoir eſteint le College de Boncour, (pour ne rien dire de celuy de Calui,) & d'auoir ſupprimé cet illuſtre membre de l'Vniuerſité, que Ronſard auoit coutume d'appeler le Parnaſſe de Paris, qu'eſt ce à voſtre aduis Maiſtre Apologiſte?

Troiſieſmement, il dit, *que les*

basses Classes de Clermont regorgent tellement d'escholiers, qu'ils y perdent VISIBLEMENT *leur temps, & que cependant les Iesuites n'y admettent que les riches & rebuttent les pauures.*

1. R. Tant d'honnestes gens, qui pressent tous les iours les Iesuites de donner place dans ces classes à leurs enfans, sont aueugles ; il n'y a que l'Apologiste qui a des yeux à la teste, au moyen desquels il voit tout ce qu'il veut. Ce qu'il dit est si veritable, que les escholiers qui sortent des Rhetoriques de l'Vniuersité pour venir à Clermont, ne se trouuent ordinairement que des mediocres en troisiesme, & cela c'est Monsieur l'Apologiste ce qui se voit VISIBLEMENT.

2. R. L'experience refute *visiblement* cette imposture, le bon ordre que les Iesuites tiennent dan

leurs Classes, faict que tel nombre d'escholers qui y soit, aucun n'echappe dont le Regent ne soit informé chaque iour de la diligence. Mais que l'Apologiste recherche comme on en vsoit dans l'Vniuersité en ces temps de iadis qu'il regrette si fort, & ausquels cette grande mere des arts & des sciences, contoit à son dire, entre ses escholiers quinze mil estrangers, & par consequent y deuoit trouuer à proportion au moins 60. mil François. Qu'il examine si tout ce monde pouuoit, & pourroit encor mieux profiter dans l'Vniuersité, que ne font maintenant chez les Iesuites deux ou trois cent escholiers dans vne Classe.

3. ℟. Sans vous mettre en peine de rechercher le temps passé, ne dites vous pas en ce Chapitre article 4. Monsieur l'Apologiste, que

les eſcholiers ſont *prodigieuſement nombreux*, en la Theologie de l'Vniuerſité, & ne vous glorifiés vous pas tous les iours que la Sorbonne en conte 500, Il y a eu de vos Profeſſeurs de Philoſophie, qui ſe ſont vantez encor depuis peu d'en auoir 400. Or eſt-il que la plus grande des Claſſes de Clermont à peine eſt elle capable de 300. Priez Dieu que vos eſcholiers ne ſurpaſſent pas plus en perte de temps ceux des Ieſuites, qu'ils les ſurmontent en nombre.

4. ℟. Que les Ieſuites n'admettent que les riches, c'eſt vn menſonge auſſi malicieux qu'il s'en puiſſe dire. Pource que l'Apologiſte ſçait, que ce leur eſt vne grande & bien particuliere loüange, d'enſeigner gratuitement, & d'eſtre le refuge des pauures eſtudiants, il s'efforce de la leur deſro-

ber par cette calomnie. Il n'y a année que quatre ou cinq mil personnes ne soient tesmoins de son imposture, qui voient monter sur le theatre du College de Clermont les pauures & les riches, les Princes & les paisans, pour y receuoir des prix fondés par la magnificence de nostre grand Roy, & pour y estre egalement couronnés selon leur merite, sans faueur ny acception de personnes.

5. ℟. Le grand éclat des Princes & Seigneurs, qui estudiét chez les Iesuites, vous esblouit Monsieur le Docteur, & vous empesche de voir la multitude des pauures escholiers, qui sont enseignez auec grand soin & charité dans ce mesme College.

Quatriesmement, il dit, *que l'Vniuersité contoit six mille escholiers dans les arts, il n'y a que 25. ou 30. ans,*

& que maintenant à peine est elle reduite à la moitié, en y comprenant ceux de Clermont, qui en font, dit-il, LA PLVS GRANDE PARTIE; & là dessus il s'eschauffe à faire des exclamations contre les Iesuites, qui sont cause de cette desolation.

1. ℟. Vostre foy nous est si suspecte, pour le nombre prodigieux de faussetez, que contient vostre libelle, que nous auons grand suiet de nous deffier icy de vostre Arithmetique.

2. ℟. S'il est vray que la meilleure partie des escholiers qui estudient en l'Vniuersité, c'est celle de Clermont, l'Vniuersité en a l'obligation aux Iesuites; car à ce conte s'ils n'enseignoient pas dans Paris, elle seroit priuée DE LA PLVS GRANDE PARTIE de ses escholiers.

3. ℟. S'il est vray que le nombre

des estudians à Paris soit moindre qu'il n'estoit il y a 20. ou 30. ans, l'Apologiste deuroit considerer la continuité des guerres, & la qualité du siecle, qu'il appelle luy mesme en son article suiuãt *necessiteux*. Au moins n'en pourroit-il auec apparance de raison, attribuer la cause au Iesuites, qui depuis ce temps là n'ont presque point ouuert de nouueau College, sinon celuy de Paris, que le Roy restablit il y a 25. ans, & s'il fust demeuré fermé, certainement il en auroit pris bien mal à l'Vniuersité, qui se verroit maintenant priuée DE LA PLVS GRANDE PARTIE des escholiers qu'elle a, lesquels nostre Apologiste confesse estre ceux dudit College.

Finalement Il se plaint, *Que les Jesuites ont terni le lustre de l'Vniuersité, en absorbant la multitude des es-*

choliers, & escartant de la France les estrangers, qui ne sont attirés que par vn esclat extrordinaire.

Resp. Si les Iesuites ont absorbé la multitude des escholiers, si leurs basses Classes en regorgent, s'ils ont vn si grand nombre de pensionnaires, comme vous leur reprochez icy par enuie; il n'est pas vray que le lustre de l'Vniuersité en laquelle ils enseignent soit terny, du moins n'en sont-ils pas la cause: Car puisque de leur part ils contribuent tout ce qui est possible, à ce que l'ancien esclat soit conserué; N'est-ce pas offenser la verité mesme, que de les accuser du mal, contre lequel de leur part ils agissent si heureusement, que leurs accusateurs mesmes leur en portent enuie? Que si vous pretendez conclurre que l'honneur des Iesuites en la multitude des escholiers

liers, fait honte au reste de l'Vniuersité, qui n'en a pas tant en tous les autres Colleges; Il me semble que c'est vne fort mauuaise raison, pour prouuer que les Iesuites ne doiuent pas estre vnis à ladite Vniuersité; Car tandis qu'ils demeureront separés, la honte en sera plus grande; là où l'vnion plus estroite, auec la submission deuë au Recteur, & aux loix de l'Vuniuersité, feroit que leur honneur reialliroit sur tout le corps de l'Vniuersité, dont ils ne seroient plus qu'vne partie & vn membre.

AV VII. ARTICLE.

Il rebat ce qu'il a desia faussement allegué, que les Iesuites *reiettent les pauures, & les empeschent de paruenir par l'estude.*

1. R. Il ne pouuoit gueres mentir

auec moins de probabilité. Iamais les pauures n'ont eu plus de moyēs d'estudier, & paruenir à quelque honneste fortune par les lettres, que depuis l'establissement des Iesuites, & on ne pourroit compter le nombre de ceux qui en ont profité, dont plusieurs, que ie ne veux pas nommer, tiennent rang, & sont maintenant des plus considerables membres du corps de l'Vniuersité.

2. ℞. Mais ces obstacles pretendus & ces empeschemens de la fortune des pauures, seroient-ils plus grands apres l'vnion des Iesuites auec l'Vniuersité que deuāt? & qu'y a-il en tout cela qui puisse estre allegué raisonnablemēt, pour soustenir l'iniustice du Recteur, & des Supposts de l'Vniuersité, au refus qu'ils fōt d'obeyr au Roy, & de conferer aux escoliers des Iesuites

les degrez, lors qu'ils en seront trouuez capables?

En ce mesme article il adiouste, *Que les Iesuites escartent ces desplorables, d'aupres des personnes de consideration, faisans tenir aux Prefets particuliers des places qui seroient remplies dignement par des gens* DE BASSE OV MEDIOCRE NAISSANCE.

Resp. Vous estes malicieusement oublieux à vostre ordinaire, souuenez vous qu'au 3. point du 3. article de ce chapitre vous auez dit, *que les Iesuites ont mille amorces pour attirer à eux les escholiers. Que les grands se lairront aller à leur credit, & que* LES PETITS ET MEDIOCRES *se rendront à l'esperance des conditions;* Certainement si les Iesuites viennent iamais à se seruir de cette amorce, comme vous dites, pour attirer à eux LES PETITS ET MEDIOCRES, lesquels on sçait tousiours eſtre en tres-grand nombre, il ne tiendra qu'à vous de deſabuſer aiſémēt ces deſplorables: Vous leur dirés, qu'il n'y a plus de conditiós pour eux à eſperer aupres des Ieſuites, pource que deux ou trois perſonnes de grande qualité les ont prié de donner au lieu de Gouuerneurs qui ſeroient au deſſus DE LA PETITESSE ET DE LA MEDIOCRITE', des Prefets particuliers à leurs enfans; & que pluſieurs autres ayans fait la meſme priere, les Ieſuites les ont ſupplié inſtamment de les en diſpenſer.

AV VIII. & dernier ARTICLE.

Il entreprend de faire voir, *qu'il n'y a point de ſeureté à contracter auec les Ieſuites*, il en apporte deux raiſons.

La premiere, *Si les Profeſſeurs de*

l'Vniuersité demeurent sans estre fondez, ils ne pourront subsister auec les Iesuites, se seroit contre la deffense du Deuteronome, Arare in boue & Asino. Que si on les fonde, les Principaux corrompus y establiront leurs Parens, quoy qu'incapables; & quand ils seroient sçauants, ils tomberont dans la negligence, n'estans plus portez à l'estude, & au trauail par l'inegalité de la recompense.

1. ℟. Cet argument cornu proue-il ce que vous auiés entrepris en cet article, Monsieur le Docteur, qu'il n'y a point d'asseurance de contracter auec les Iesuites?

2. ℟. Tous ceux de l'Vniuersité ne sont pas de vostre aduis, & ne trouuent pas les mesmes inconueniens aux fondations des Professeurs. Monsieur Granger en son ἱκετικόν, qu'il presenta à Messieurs de la Cour de Parlement, lors qu'il

regentoit auec applaudissement, dans le College de Harcour, le siecle passé, demande auec plus de raison que vous n'en auez, que les Chaires de l'Vniuersité soient fondées, puisque les Iesuites le sont.

Efficite vt fas sit (quod nũquam Astræa negarit)
Viuere, vt equato munere, lege pari.

Si gratis doceant, gratis doceamus & ipsi, &c.

3. ℟. Si les Professeurs de l'Vniuersité demeurent sans estre fondez, il n'arriuera rien entre eux & les Iesuites, qui ne se voye desia entre les seuls Professeurs de l'Vniuersité, dont les vns en effect sont fondez, & les autres non, sans preiudice du Deuteronome, qui defẽd d'accoupler les Asnes auec les Bœufs.

4. ℟. Que si on les fonde, i'ay meilleure opinion des Principaux

& des Professeurs de l'Vniuersité, que leur Apologiste, ie veux croire que ceux-là ne seront pas pourtant corrompus, ny ceux-cy engourdis de paresse & de negligence; ioint qu'il y a des remedes faciles à l'vn & l'autre inconuenient: Et pour ce qui est du dernier nommement, ie vous demande, M. le Docteur, quelle opinion vous auez des six Regens de Sorbonne, qui ont tous des Chaires bien fondées, dont vne suffiroit pour nourrir 4. de ces Iesuites, que vous accusez autre part *de prodigieuses opulences*; à vostre aduis *la grande asseurance de l'aduenir, a-elle ietté de la negligence dans ces esprits qui n'ont plus rien à esperer? Toute l'emulation est elle esteinte? & n'estans plus excitez à l'estude & au trauail par l'inegalité de la recompense, ne s'aquittent-ils plus des deuoirs, qu'ils ne peuuent omettre?* S'ilestoit ainsi, certainement les Iesuites n'auroient pas si grand tort, que vous disiés tantost en l'Article 4. *de leur disputer la preeminence.*

La seconde preuue qu'il apporte est, que *les Iesuites se feront tousjours releuer de leurs conuentions par le credit, qu'ils ont aupres des puissances temporelles, ils se feront commander par leur General de ne plus obseruer les articles accordeZ. D'ailleurs qui les veillera? qui examinera s'ils ne contreuiennent point à leur parole? ils prendront leur pretexte dans la source des equiuoques, qui n'est pas encor tarie. Ils ont faussé deux fois leurs promesses solemnelles de se soumettre aux Euesques, pour conseruer vne independance extraordinaire contre l'authorité de l'Eglise.*

1. ℟. La passion vous gourmande à vostre ordinaire Mon-

ſieur l'Apologiſte , puis qu'elle vous emporte iuſques à taxer la iuſtice & les puiſſances temporelles, pour rendre le credit des Ieſuites odieux. Non, non, il n'eſt pas tel, que vous le depeignez : pour vous le faire voir, ie ne vous veux oppoſer autre, que vous meſme. Ne venez vous pas de dire en l'Article 6. de ce Chapitre, que les Colleges du Mans, des Chollets & du Pleſſis, ont ſouffert 3. ou 4. fois la violence de leurs entrepriſes ? s'il eſt ainſi, comme vous l'aſſeurés, le ſuccez montre, que les Ieſuites auec tout leur credit n'en ont ſçeu venir à bout. Bien moins donc emporteroient-ils des Iuges & des puiſſances, choſe qui fut contre la iuſtice & l'equité. Il eſt bien vray que Henry 4. qui cognoiſſoit mieux les Ieſuites que vous, dit, en ſa reſponſe au Preſident de Har-

Dupleix en la vie de Henry IV.

lay, *qu'ils venoient à bout de tout*, Mais il entendoit de tout ce qui est honneste & raisonnable, car il adiousta, que *c'estoit auec leur patience & bonne vie, qu'ils en venoient à bout*: & si en ce point vous voulez faire comparaison de l'Vniuersité de Paris auec eux, ie vous renuoiray à ce qu'en a laissé par escrit Alain Chartier en la vie de Charles VII. que vous trouuerés mesme cité par vostre celebre Aduocat Maistre Pasquier en ses Recherches: il dit, que l'Vniuersité entreprit *de deposer le Pape, & vouloient* (adiouste-t'il) *ceux de ladite Vniuersité eux de tout mesler*, & plus bas, *ladite Vniuersité auoit grande puissance pour ce temps à Paris, tellement que quand ils mettoient la main à vne besongne, il falloit qu'ils en vinsent à bout, & se vouloient mesler du gouuernement du Roy, & d'autres choses.*

2. ℞. Cinq cent personnes en France ont contracté auec les Iesuites, qui ne sont pas de vostre aduis ; & la iustice vers laquelle ils se pouruoient, pour demander raison de leurs droits, qui leur sont refusés par l'iniustice de Messieurs de l'Vniuersité, seroit la mesme qui les contiendroit dans le deuoir, s'ils manquoient aux conuentions qu'ils auroient faict.

3. ℞. Vous demandez qui veillera les Iesuites, pour voir s'ils ne contreuiennent point à leur parole?hé qui le feroit auec plus de passion que vous Maistre Apologiste? On vous choisira sans doute pour cette charge, & vous y acquerrez cet office creé tout expres pour honorer vostre merite. Certainement voila vne belle deman-

de, n'y a-il personne qui veille auiourd'huy sur ceux qui sont du corps de l'Vniuersité? Les mesmes donc, & le Recteur, veilleroient sur les Iesuites, s'ils en estoient, & ce dautant plus aisement, qu'ils leur seroient sousmis.

4. ℞. Les Iesuites n'ont faict aucunes promesses à Nosseigneurs les Euesques, qu'ils n'aient gardé, & ne soient tousiours prests & disposés d'accomplir. Mais vous deuiez auoir rendu raison, pourquoy en cet endroit, & en vostre premier Chapitre, au second point de l'article premier, vous accusez auec tant de passion les Iesuites, de ce que les Papes Souuerains Pasteurs de l'Eglise les ont exempté de la suiettion des Ordinaires, comme si c'estoit vn crime, ou que cela ne fut pas commun à tous les autres Ordres Religieux, ou que

les Iesuites eussent esté les premiers à introduire & pratiquer extraordinairement, ce qui estoit en vsage dans l'Eglise vniuerselle, plusieurs siecles auant, que l'Ordre des Iesuites fut au monde.

5. ℞. Attribuer aux Iesuites seuls les exemptions, qui sont communes à tous les Religieux, c'est malice; Dire que cette independance des Ordinaires est extraordinaire, comme s'il n'y en auoit que pour les Iesuites, c'est mensonge; La soustenir contraire à l'authorité de l'Eglise, c'est erreur. Et de là vous lairrez iuger, Monsieur le Docteur, que si *la source des equiuoques n'est pas encor tarie* pour les Iesuites, il y a peu d'esperance que celle des faussetez, des mensonges, & des erreurs, tarisse iamais chez vous.

Resp. finale. Tout ce que vous

alleguez ſur ce ſuiet, Monſieur l'Apologiſte, eſt hors de propos. Que les Ieſuites ſoient infidelles, ou non; qu'on puiſſe, ou ne puiſſe traitter ſeurement auec eux, ce n'eſt pas de quoy il eſt queſtion. Qui vous ſollicite d'entrer en aucun traitté ou conuention auec les Ieſuites? Pour eux ils n'i pēſent pas; ie vous ay deſia declaré leur deſſein tout au commencement de cette reſponſe, ie le vas repeter à la fin, aprenés-le, & ne vous battés plus à la perche. Ils demandent que le Roy ſoit obeï de vous, & de vos conſorts; Que vous ne ſoyez plus rebelles à ſes volontez; Que vous deferiez aux Arreſts de ſon Conſeil Que vous ne faſſiés point d'innouatiōs en ce qui les regarde; que vous receuiez, cōme on faiſoit iadis, leurs eſcholiers, ſuiets auſſi-biē qu'eux & vous de ſa Maieſté, aux degrez de literature, quand ils en seront capables, & les laissiés iouïr du droit dont ils ont esté en possession depuis 80. ans iusques à vos decrets de l'an 1618. cassés & reuoqués par le commandement du Roy, & par les Arrests de son Conseil. C'est tout ce que les Iesuites demandent, en quoy, comme vous voiés, il n'est pas besoin de faire aucunes conuentions ny contrats auec vous.

RESPONSE A LA Conclusion.

Ce Maistre Apologiste, apres auoir faict mil inuectiues & farci son libelle d'iniures, d'impostures, & de calomnies contre les Iesuites, comme vous auez veu, conclud enfin, *pour garder la mesme moderation qu'il a*, dit-il, *estudié en tout son discours, qu'il a assez de charité pour leur donner vn bon aduis, s'ils en sont capables. Que la ruine de l'Vniuersité seroit leur perte, qu'ils se veulent destruire en la voulant aneantir, & que si vn iudicieux Romain a esté d'aduis de ne pas abbatre les murs de Carthage, pour conseruer ceux de Rome, par* VNE EMVLATION *mutuelle, ils doiuent espargner vn corps, dont la deffaite seroit leur relasche, comme son opposition peut entretenir leur vigueur.*

Resp. Ie luy dis que ceux de son corps ont plus de besoin de son charitable aduis que les Iesuites; Il s'en seroit bien apperceu, s'il auoit eu de la memoire, & s'estoit souuenu d'auoir insulté tant de fois aux Iesuites sur la solitude de leurs classes superieures, & mesme tout fraichement au dernier Chapitre art. 4. où il leur reproche, *que les escholiers*

choliers de Theologie sont aussi rares chez eux, qu'ils sont prodigieusement nombreux en Sorbonne, & predit que si les priuileges de l'Vniuersité estoient communiqués aux escholiers des Iesuites, leursdites classes se rempliroient.

Par vostre propre raison, Monsieur le Docteur, vous vous faictes grand tort, de refuser les degrez aux escholiers des Iesuites, *vos Professeurs ne seroient point en danger de tomber dans le relasche, ils esueilleroient leur courage par cette opposition, & entretiendroient leur vigueur par* VNE EMVLATION MVTVELLE, s'efforçans d'attirer par le merite les escholiers, que le seul auantage des priuileges maintenant leur ameine. Car d'où vient que vous combattez si opiniastrement les escholiers des Iesuites, & pourquoy auez vous tant d'horreur de les receuoir aux degrez comme les autres qui estudient dans l'Vniuersité ? Vos Professeurs trauailleroient auec bien plus d'ardeur, voyants qu'il n'y auroit plus que la doctrine, la reputation, & les veritables merites, qui leur pourroient donner des auditeurs? Et pour finir par le sentiment de ce iudicieux Romain que vous allegués, souuenez vous que son aduis estoit, non seulement de ne pas ruiner Carthage, mais mesme de la laisser en sa splendeur, & qu'il ne vouloit point que les Romains eussent d'autres auantages sur elle, sinon ceux que courage & la vertu leur donneroient.

www.ingramcontent.com/pod-product-compliance
Ingram Content Group UK Ltd.